孩子为什么不听我的

解锁青春期亲子沟通

刘纯婷 / 著

中国妇女出版社

图书在版编目（CIP）数据

孩子为什么不听我的 ：解锁青春期亲子沟通 / 刘纯婷著. -- 北京 ：中国妇女出版社，2022.10
ISBN 978-7-5127-2153-1

Ⅰ.①孩… Ⅱ.①刘… Ⅲ.①青春期－家庭教育 Ⅳ.①G782

中国版本图书馆CIP数据核字（2022）第156837号

责任编辑：李一之
封面设计：主语设计
责任印制：李志国

出版发行：中国妇女出版社
地　　址：北京市东城区史家胡同甲24号　　邮政编码：100010
电　　话：（010）65133160（发行部）　　65133161（邮购）
网　　址：www.womenbooks.cn
邮　　箱：zgfncbs@womenbooks.cn
法律顾问：北京市道可特律师事务所
经　　销：各地新华书店
印　　刷：天津光之彩印刷有限公司

开　　本：145mm×210mm　1/32
印　　张：7
字　　数：150千字
版　　次：2022年10月第1版　　2022年10月第1次印刷
定　　价：49.80元

如有印装错误，请与发行部联系

前言

青春期的孩子，最需要父母的支持

在从事心理咨询之前，我有十年时间都在做基础教育工作，接触过很多家庭和孩子。一开始我也觉得孩子学习上的问题属于技术问题，和很多家长抱着同样的态度和想法，缺哪补哪。数学不好，给你找个好的数学老师讲题，总该好起来了吧；英语不会说，找个能把英语教好的老师应该就可以了吧。

事实证明这样不行。

孩子并不笨，为什么在好老师的指引之下仍然学不好？很长时间里，我都在想办法解决这个问题。那段时间，我看了很多教育心理学的书籍。我开始对孩子有更多的理解，在和孩子沟通互动的过程中，我神奇地想起了很多我自己年少的事——青春期对未来的迷茫和青涩的情感。孩子开始跟我诉说他们的苦恼、困惑，无论是学习上的还是关系中的。

孩子很困惑，为什么自己的感受和需要父母不能理解和尊重，遇到的困难也无法引起家长的重视，反而引起很多敌视。为什么家长对他们有着不一样的期待。

家长也很苦恼，为孩子付出很多，是真的想把最好的都给他，但是孩子为什么不理解他们的苦心，反而让父母这么受伤呢？

所以大家都想合作，都想对方能理解自己，希望得到一个好的结果。可是沟通却朝着完全相反的方向发展。到了青春期，这种困难尤为显著。而我的工作一直都想促成父母和孩子之间更好的理解和沟通。

这件事情，我一开始觉得不那么困难，认为只要父母知道了孩子是怎样成长的，不同阶段的孩子会有什么样的心理特点和需求，他们不就会自动调整和孩子的沟通方法了吗？同样地，如果孩子知道父母的表达背后其实饱含爱意和关心，他们自然就会更加理解父母的心情，良性的沟通不就很容易达成吗？

很可惜，事实证明我再一次错了。即使父母和孩子都深爱彼此，是彼此最重要的人，彼此之间要好好沟通，依然是非常困难的。

这种困难来自多个方面。

以己之道，还施彼身

一位姐姐问我："你有没有发现，我们和孩子的沟通好像出现了‘时差’？”

我问她什么意思。

她说：“你看啊，孩子小的时候，我们希望他像大孩子一样，听话、懂事、乖巧、爱干净，能为大人着想，不允许孩子任性，也就是不允许他像个孩子；等他长大了，十几岁了，我们又希望他像个孩子，什么事情都依赖我们，没有秘密，任何事情都愿意分享，听从我们的安排，而不允许他像个大人。”

我说：“这没有‘时差’，是家长对孩子的要求从来没有变过——都是要听话。我们对任何年龄的孩子，都在无差别地对待。”

这种沟通很困难，是因为当以我们的需求为中心的时候，孩子的需求就被忽视了。这种状态下孩子是不舒服的，当孩子长期处在一种让他不舒服的关系当中的时候，他一定会为这种不舒服做点什么，明里或者暗里给我们添堵。我相信大家都深有体会：往往我们特别希望孩子做的事情，他都做不成；我们希望他有的品质，他偏偏没有。

孩子好像特别会唱反调。其实孩子的感觉也是这样，对于孩子的需求来说，父母也是特别会唱反调的人。

父母的做法是一个隐晦的示范：我们是怎么被对待的，等我们长大了，我们就会用这种方式去对待别人。

金庸的《天龙八部》里，有个人物叫慕容复，他的武功最大的特点就是：以己之道，还施彼身。用对手的武功招式打败对手，不仅要赢，还要羞辱对方。

这就是我们青春期家长会面临的困境。当年我们对待孩子的那些招式，等孩子到了青春期，统统还回来了。我们以前脾气大，现在孩子的脾气比我们还大；我们以前强势，现在孩子比我们还强势；我们以前冷漠，现在孩子比我们还冷漠。

青春期，基因突变？

很多家长觉得，孩子到了青春期，就像基因突变了一样。

青春期是孩子成长过程中非常重要的一个时期，是童年和成年的过渡期，承上启下。所以这个时期的孩子既有孩子的特点又有成人的特点，需要个体去完成整合。

青春期的孩子，成长迅速，身心变化急剧而广泛，往往孩子自己都对自己的变化应接不暇。而我们很容易忽视这种变化给孩子带来的难处，使得他的困难被轻视，也使得这个时期的孩子容易被误解。

青春期生理成长带来的变化

这个时期孩子的身体开始发育，性激素分泌增多，性意识和需求开始活跃。这是很多家长无法面对和接受的一件事，好像昨天还是那个抱在怀里的软糯糯的孩子，结果现在已经开始对异性好奇，甚至对性开始好奇和向往了。

当我们看到孩子写的日记里思念某个女孩子，或者当他总是和你分享某个异性的信息，说起她就很高兴、眉飞色舞，或者绞尽脑汁地为他心仪的女孩子准备生日以及节日的礼物，很多父母在这个时候感觉到了强烈的失落感。因为这意味着我们就真的再也不是孩子唯一重要的人了。我们不可能再完全拥有这个“小人儿”了。

曾经有位家长跟我说，她遇到一件让她难以启齿的事情。

有一天她回家，看到孩子匆匆忙忙从书房出来，她就猜测是孩子趁她没回来在书房玩电脑，看到她回来，就急匆匆地关了电脑，回到自己房间。

孩子走得急，电脑没有关上，等她去书房的时候，看到了屏幕上正播放着一部成人电影。

她说：“我整个人从头麻到脚，当场就哭了。我不知道我为什么会哭，我也不知道要怎么去跟他沟通这件事情，我也想不通他为什么要看这种东西。我感觉我无法面对这个孩子了。”

在这个家长心里，性是羞耻的，年纪轻轻就对性感兴趣，更是不正经、不务正业，是要流氓。她没有想到有一天她的孩子会是这样。在她心里，孩子还和小时候一样，懵懵懂懂，无时无刻不需要妈妈的指引。

这是个很大的误会。孩子到了这个年纪，自然就会对这些内容感兴趣。尤其是我们有些家庭不开展性教育，那么孩子就只能通过自己的方式和渠道去获取性知识。

思慕异性本来不是多大的问题，但是我们对此严防死守、围追堵截，甚至对青春期的孩子进行耻感教育，极大抑制了孩子原本属于天性的表达。这种抑制会创造更多好奇和兴奋。

青春期心理的变化

青春期的心理，变化迅疾而复杂。这要从好几个方面来说——

首先，这是孩子的第二个叛逆期。

他需要整合一件事情：到底是听别人的，还是听自己的？心理学说的“自我同一性”，笼统点说，就是孩子将如何应对外界对自己的期待与自己的愿望的关系，因为很多时候这两方面不是一致的。

第一个叛逆期出现在孩子一岁多到两岁多这个年纪，是孩子最喜欢说“不”的时期。那个时候孩子开始很希望环境按照自己的意愿去配合自己，所以他总会说“不”，希望自己掌控，自己做主。

如果这个时期过渡得不好，那么青春期孩子还会再来一次，就是不断地争取自己的权利，争取自己对事情的控制感，不断地挑战父母，不断地说“不”。

孩子是想通过这些行为，学习自己拿主意，为自己的事情做决定，获得主宰自己的资格。但是他们的表达往往简单粗暴，看起来一意孤行，这会让父母很担心，觉得这个孩子不理解父母的良苦用心。这种误会使得父母很难支持孩子的想法，父母更多的是担心孩子鲁莽行事做出让自己后悔的事情，造成损失或者产生严重的后果。

很少有家长明白，这是一个成长的标志。孩子的核心目标不是为了和父母作对，而是想调动自己的力量去做自己想做的事情，想对自己的生活有更多的掌控感，他想做自己人生的主人。这些尝试除了是一种成长的需要，也是一种力量的象征。

但是这些信息很难在亲子间得到充分的沟通。孩子横冲直撞，父母围追堵截。

我们内心会有很多恐惧的联想：如果不管孩子的学习，他会就此放弃，不务正业；不管孩子的恋情，他就会沉迷于情爱，忘记自己最要紧的事情……

孩子需要试错，但是父母不想孩子试错，只希望孩子一帆风顺、一生无虞，健康而快乐、富足而美满。这确实是美好的愿景，只是这种人在现实里我一个都没发现。

为什么青春期需要试错

养育过孩子的人都有机会观察小宝贝是如何学会走路的。不是家长告诉他“先迈开左腿，站住，再迈开右腿，站住”，这样就会走路了，而是他第一次走一步，然后腿一软，跌倒了，下次再走一步，又跌倒了，再一次，他走了三步才跌倒……这样慢慢地，孩子学会了走路。

家长做了什么呢？我们会蹲在孩子前面，向他招手，笑眯眯地对他说“宝贝，过来”。他跌倒的时候，我们会抱住他，还会高兴地说“宝贝，你真棒”。这大概是人类所能拥有的最美妙的试错体验了。

每每看到这个场景，我都很感慨：这种试错，被世界如此温柔以待。

可是，就如同朱自清在《匆匆》里写的那句话：“聪明的，你告诉我，我们的日子为什么一去不复返呢？”

被鼓励、被欣赏的试错，这样的待遇，青春期的孩子依然需要。可是，他们很少得到。

是什么偷走了我们对孩子的耐性？

有时候，我们因为孩子有自己的想法而否定他。

孩子问："我为什么不可以学艺术，而必须去当个医生呢？""我想学文，我就是喜欢历史，以后想做文物修复，为什么必须按照父母意愿去做老师呢，就因为好就业？""我真的不喜欢学习，我不想上大学，想做蛋糕师为什么不可以呢？"

父母的回答是："当然不行，要是找不到工作怎么办？你以后怎么养活自己呢？等我们都走了，你要靠谁呢？"

有时候，我们因为孩子没有自己的想法而否定他。

很多父母苦恼于自己的孩子不会做选择，不知道什么是好的、对的，所以一直都是父母在操心安排，小到吃东西、买衣服，大到选专业、买房子。然后家长会觉得孩子太没有责任心了，什么都不承担，让大人感觉很辛苦。

孩子为什么不会呢？因为缺少练习的机会。

一开始做的时候，结果不那么完美、想法不那么成熟、考虑不那么周全，所以需要练习。练习就是一个从笨拙到娴熟的过程。

但是我们看到孩子做得不好就急，开始代替孩子处理、代替孩子思考。时间久了，孩子既不愿意动手，也不愿意动脑。

因为不能一开始就把事情做得令人满意，家长就剥夺了孩子很多做事情的机会。

不跌倒几次，孩子怎么能学会使用自己的腿呢？

不给试错，等同于封锁智力。一个没有想法的人不需要试错，他只要顺从就行了。

孩子如果希望自己做主，就一定需要试错的空间，而这个过程又非常需要成人的信任和耐性。成人应允许孩子有自己的想法和尝试，不总是要求孩子去做我们认为对的事情，并且允许他一开始做得不是很好。

因此，青春期孩子“自我同一性”的整合，对孩子来说很不容易，全程充满了跌跌撞撞的跌倒、试错和重来，这件事情对父母的挑战也很大。

了解这些，也许能帮助我们理解一个孩子想成为自己，是一件多么艰巨的事情。

青春期需要进一步被社会化

社会化的一个明显标志是：学习的压力变得更为明显。家长们会更多跟孩子们谈以后、谈学业、谈钱。“你以后要干什么”已经变成孩子不得不面对的一件事情。尤其是高中生，社会身份的思考更是迫在眉睫。

我是心理动力学派的咨询师，动力学的理论是：一个孩子的早期经历，奠定了他的人格基础和行为模式。但是我们的教育，也具有再造之力。

我们目前处在一个社会发展日新月异的历史时期，大家最为熟悉和感受深刻的一句话是“岁月抛弃你的时候连招呼都不打”。因为太快了，而很多人没有找到适应这个快速发展的方式，从而滋生了大量的恐惧。

担心孩子以后找不到工作，担心他以后赚不到钱，担心他以后生活艰辛，担心他在社会上受人欺负……这些担心哪里来的？这是我们家长正在经历的事情。

而这些恐惧，家长怎么表达呢？

很多人表达这些恐惧的方式，都是希望孩子通过一个好的学习成绩，获得对未来的确定感。

我需要确定我的孩子成绩好，以后能考上好大学，能找到体面且收入高的工作。所以他不能犯错，成绩不能波动，要一心一意地学习，未来的职业最好是医生、律师、公务员……社会快速变化给集体带来的压力，家长就通过这种方式传递给了孩子。

当我们把这个社会介绍给孩子时，如果传递的信息是你要小心，不能行差踏错，否则将追悔莫及，那真是一种很令人沮丧的引荐。这种引荐会让孩子社会化的过程变得困难。

一方面，这种引荐会让孩子对自己的成绩患得患失。很多孩子考前焦虑到了病态的程度：失眠多梦、心悸、拉肚子，甚至出现抑郁症、焦虑症、强迫症的症状。因为孩子不堪重负，生病至少可以让父母降低期待，关心一下自己，获得一些喘息的机会。

另一方面，因为这种引荐，孩子需要用大量的精力来应对外界的要求。外界的力量如此巨大而可怖，这样一来，他就没有什么精力去照顾自己的需要，而环境也不太能够照顾他的需求。时间久了，孩子对自己想要什么就变得想法模糊。他自己的理想和愿景，慢慢地就消失了。

我的一位来访者是大三的学生，他在纠结到底是考研，还是考公务员，抑或参加工作。他说出了自己的犹豫："我妈希望我考公务员，以后工作稳定，我不是很想考；找工作，又担心我的学历出去找不到好的，好像很多单位都只招研究生；但是考研我又担心自己考不上，考不好。"

这些犹豫，都是因为他不知道自己要什么。他知道父母要什么，他也知道社会要什么，但是他不知道自己要什么。所以在他的感觉里，他好像只能被动适应外界的需要，而不是主动为自己的需要做些什么。

他对于融入外面的世界也是担心的、害怕的、没有信心的，感觉外面的世界对他充满了挑剔和要求，不觉得自己的想法可以实现，不觉得自己的需求可以被满足。抱有这样的担忧，他当然会踌躇不前。

孩子社会化的另一方面，表现在孩子到了青春期之后，会更多地对外界产生好奇，希望在同伴、群体里找到归属感和价值感。这是孩子融入社会集体的一个重要时期。

孩子与他人的关系变得复杂。他开始更多关注朋友之间的友情，希望自己被集体接纳，所以他和朋友会买很多相似的东西，参加一样的运动，会私下安排活动甚至自己组织外出旅行。

但是这个过程中，孩子很容易遇到困难。他会开始观察老师是不是喜欢自己，喜欢的同学是不是跟自己关系最好，跟朋友讲的事情他是不是在意、有没有说给别人听……任何一件风吹草动的小事，都可能引起他心里的涟漪，甚至演变成滔天巨浪。

这个时期的孩子，因为前额叶功能还未发育健全，所以他们对自己行为的觉察和控制能力都不够。一方面其行为冲动、欠考虑，另一方面他们又很敏感、脆弱、易受伤。

我的一位来访者14岁，她有个很好的朋友A，她希望A能把她当成最好的朋友，可是她发现A约了另一个同学周末去逛街，却没有约她。她感觉到被背叛、抛弃，很愤怒。所以后来她就和另一个同学说A虚假、虚荣。

她跟我说：“其实我是感觉到很伤心，我把她当成最好的朋友，希望她也能把我看得比其他人都重要。但是她不跟我打招呼就约了别人，还不叫上我，我觉得自己对她来说好像不重要。”

但是她又不知道该怎么告诉对方这种心情，同时她也不能安抚自己的情绪。原本是在乎这个人、想靠近这个人，行为上却变成了敌视和仇视这个人。几番错误的表达、互动之后，误会就越来越深。

在小学的时候，孩子虽然也有群体规则，但那主要是为了适应学校和老师而给学生制定的规则和行为规范。因此在小学，与其说这是孩子社会化的过程，不如说是孩子被教育、文明化的过程。

到了青春期，事情变得不同了，孩子知道如何应对学校和老师的规则，转而开始注意属于他们自己的群体隐性规则。他们需要学会去适应这些隐性规则。

有个孩子，她有个朋友，两人从幼儿园玩到初中。初中的时候，朋友的成绩一路飙升，而她的成绩却一直表现平平。后来她发现，朋友过生日请的都是“学霸”，没有请她。从此以后，两人持续了十几年的友谊就变质了。

她说：“我好像一夜之间就明白了很多。我以前不懂为什么总有人说，长大是一瞬间的事情，经历这件事情之后我就懂了。”

这些隐藏的真相带着青春期特有的直接与残酷，都需要孩子去适应，对孩子来说，谈何容易！一个孩子，他是否能够整合善恶是非，同时又维持住自我，相信自己、肯定自己又爱自己，并发展出足够的灵活性？这些困难，父母是否能够理解，同时给予支持和引导，帮他完成这个社会化的进程？

这些都是未知数。但是孩子处在这个时期，的确需要更多的理解和支持，尤其是当他不是所在群体规则下的“宠儿”的时候。我们要帮孩子保卫自尊，保护他的人格不被打散。

这个时候不得不提曾奇峰老师的名言：唯有温暖御风寒。

青春期的困境

孩子到了青春期，一系列成长的烦恼就纷至沓来。

青春期的孩子，在我们眼中的形象常常都是“为赋新词强说愁”，不知道为什么每天心事重重，或者不知道怎么就为一些鸡毛蒜皮的小事耿耿于怀。家长经常会感慨：“今天是唱的哪一出啊！”

昨天和孩子一起出去玩还开开心心的，今天回到家里他就阴沉着脸，不说话，门一摔进屋了；和他约好了使用电子产品的时间，一天都没有做到，家长去收手机，他不给，想抢下来，他把家长推到门外；天气冷了，千叮万嘱地让他加衣服，可他穿得很单薄就出门了；下雨了让带伞，可他穿上自己的冲锋衣，戴上帽子就走了……

阴晴圆缺、喜怒哀乐，随机播放。

殊不知，青春期的孩子就是有这么多烦恼。这些烦恼会给他带来很多情绪，这些情绪又给他的沟通表达造成影响，给他的处境带来进一步的困难。

我们这本书落在情绪沟通上，也是因为青春期孩子无法很好地表达自己，从而很容易被误会。误会使得父母和孩子之间矛盾升级，彼此之间的合作变得更不可能。

和这个时期的孩子沟通最重要的一点就是注意情绪。不仅仅要注意到孩子在这个时期的敏感、脆弱、多变，更重要的是，我们对孩子这些变化要保持心态平和。

如果我们想帮助孩子适应自己的变化，更好地发展自己，那么这个时期，家庭作为一个子系统，需要采取“攘外必先安内”的策略，内部问题需要摆在第一位。

天天想着通过什么方式把孩子变成“学霸”，想着学一些什么技巧和方式让孩子听我们的话，想得头发都白了也无用，因为“内战”没有结束。当我们和孩子的关系“硝烟弥漫”的时候，我们很容易看到彼此敌对的那一面，而很难感觉到彼此的心意和合作的诚意。

战场之上，敌人会听你的话，告诉你他的城防布局吗？会为你打开城门，任你长驱直入？会乖乖缴械投降，被你收编？当然不会。很多时候，亲子关系的局面就是如此。

父母的挫败，在所难免。

很多家长也因为养育过程中的困扰，学习了很多亲子课程和心理学课程，这是一件特别棒的事情，这为我们理解孩子提供了大量的理论基础。我们可能因此更加明白孩子是怎么成长的，以及每个年龄段孩子的需求是什么，他会有什么样的表现。这会促使我们思考和觉察自己的想法和行为。

而沟通是转化这些知识的最佳途径。我们如何调整输入和输出，这些都将通过沟通去实现。也许我们能理解孩子不是故意跟我们作对，但是这种理解是否可以顺利地传递给孩子，让孩子接收到？

这需要家长与孩子之间重新磨合。

这一磨合过程涉及我们如何在关系中创造一个氛围，让彼此可以充分而又真诚地表达自己——无论是想法还是感受——从而更大程度地获取对方的理解和支持。做到信息能自由来去，情绪可以自由流淌，协商合作就是水到渠成的事情了。

孩子的爱好，就是他的自助途径

我记得有一年，好几个家长跟我抱怨自己孩子太幼稚、不成熟，天天沉迷于动漫。家长觉得这些东西没有营养，纯粹就是浪费时间，让我规劝孩子不要多看动漫，适可而止。

我想，我劝孩子别看，我得有理由，于是我就让孩子推荐了一些动漫给我。然后我在那一年看了1000多集动漫，看到无法自拔。

动漫吸引孩子，几乎是必然的啊！内容健康的动漫要么轻松可笑，让人愉悦开心；要么逻辑严谨，推理环节丝丝入扣，让人觉得脑洞大开，满心佩服；要么里面的人物热血沸腾，为了目标，勇往直前；要么主角在爱的氛围里，双双成为最好的自己；要么就是受伤的人如何被同伴接纳和鼓励，从而学会爱自己，有了认真对待自己的力量……

如果家长看过很多动漫，一定不会那么害怕孩子看动漫，因为并不是所有我们不了解的东西都在把孩子带向歧途。

这样我们就能够理解，为什么当我们苦口婆心地跟孩子说"你不要看动漫，这些东西都不现实、很幼稚，纯粹就是浪费时间"时会没用。因为孩子知道你根本不了解，纯粹就是瞎操心、瞎指挥，他也懒得再沟通。

很多时候，孩子的嗜好都和孩子的心理需求有关系。看书、看动漫、看电影往往有同样的目的。这些爱好和情绪有着密切的关系。孩子为什么不会轻易改变这些习惯，因为这是释放的途径。我们可以把这些行为理解为孩子自己摸索出来的帮助自己的方式，所以如果这些方式再被我们喝止阻断，那么他一定会表现得更为糟糕，或者他和我们的关系将进一步恶化。

如果我们创造一个足够包容的环境，并且愿意认真地听孩子说，这本身就是最有用的沟通。

很多家长说，如果我知道他是这么想的，我是愿意理解他并且支持他的。但是孩子往往很难清楚地表达自己的想法和需求，也不能在自己遇到困难的时候很好地利用自己的资源。所以这个时期的孩子虽然任性、倔强、情绪化，但是这些并不代表他不需要父母的引导。恰恰相反，父母最需要承受住青春期孩子的“作”，保持足够的耐心和信任，给予孩子支持和引导，坚定地爱护他。

反思不容易，但很必要

我们学习新的知识，想和孩子的关系变得更好，希望能帮助自己和孩子，重新调整我们和孩子的沟通方式，学会听、学会说、学会理解。这都是难事，很容易难到我们中途就想退出。

话说回来，不变化就容易吗？

一直争吵容易吗？一直和孩子做“敌人”容易吗？一直看着孩子不开心，风雨飘摇都入他的心，今天为学习的事情紧张，明天为了关系焦虑，容易吗？自己一直处于担心害怕的状态，感觉自己的付出孩子不懂，容易吗？

过得糟糕一直是一件容易的事情，只要一切照旧，也许我们就可以一直很糟糕。

我在后面的文章中会有相关介绍。我们一直用自己特定的方式和孩子互动，虽然很多年都无效，但我们还是会继续。这些让彼此都难受的沟通，居然历时多年从未改变。

我们不是不能识别自己的想法，我们能识别，我们也很愿意接受新的知识和理论。我们很清楚地知道，我们想把孩子变得更好，我们想让亲子关系变得更好。

难的是，和孩子相处的过程中，我们的情绪可能比孩子的情绪还要多。但是我们的情绪会被一些合理化的理由掩盖：我是为你好啊，我是被你气的，我是为你担忧。我们很难识别的是这些情绪和我们自己的关系。

可实际上，我们的情绪是很值得放一个慢镜头去仔细观察和琢磨的事情。区分这种情绪到底是谁的、来自哪里很重要，这会直接影响我们和孩子的沟通，影响我们接收信息的方式，也会影响我们输出信息的方式。

当我们觉得一切都是因孩子而起，我们就不再需要审视自己，不再去觉察和反思我们是如何听，又是如何说的。因为无论我们怎么做，都觉得自己是对的。

这对孩子来说，实在是一件令人心碎的事情。因为这就意味着，他说什么、做什么都是错的。

如果父母始终相信自己的归因方式是对的，那么孩子就只能接受这种视角：都是因为我不好，我父母才会这么生气，才会这么对我，都是我的错。他真的就会觉得，他面对的这些情绪原本就是他应得的。这就是一种心理创伤的植入。

反过来，当我们有机会审视自己的情绪，我们就有可能发现，我们在为孩子好的时候，情绪夹杂了“私货”。为什么孩子成绩一有波动，就可以把我们搞得很崩溃？我们处理这件事情的能力在什么段位?

而这本书，正是通过审视、剖析我们的沟通方式，去发现隐藏在一些司空见惯的沟通模式后没有被看见的情绪和需求。是这些隐藏的部分，破坏了我们的沟通，让我们没有得到期待的结果。

这就像一场探秘之旅。希望大家在这本书的陪伴下，对自己的沟通方式多一些理解和思考，这样才能心想事成。

目录

Contents

3 沟通的关键要素——情绪

4 沟通中致命的矛盾信息

5 沟通效果如何被潜意识破坏

1

被误解的“沟通”

家长希望和孩子好好沟通，让孩子好学、勤奋、自律、快乐，但是孩子要么充耳不闻，要么恶语相向。更让家长抓狂的是，好像父母越希望孩子做什么，孩子越不负众望地反着来，越沟通彼此之间的关系越糟糕。

为什么父母说的话，孩子听不进去呢？

说起沟通，已经有人在这个领域做了很深的研究，帮助我们建立一个良性的沟通过程。令人感到惋惜的是，时至今日，很多家长依然感觉和孩子沟通就像和另一个物种沟通，随着孩子逐渐长大，这种困难也与日俱增。

家长希望和孩子好好沟通，从而影响孩子，以便让他们好学、勤奋、自律、快乐，但是孩子要么充耳不闻，要么恶语相向。更让家长抓狂的是，好像我们越希望孩子做什么，孩子越不负众望地反着来，越沟通彼此之间的关系越糟糕。孩子小的时候，家长大概还能采取一些办法让孩子屈服，但是面对大孩子，那些办法就慢慢失效了。

也是这个时期，最让家长感觉到折磨。为孩子的前途担忧，为孩子的现状焦虑，希望孩子专注、勤奋，但孩子又不吃我们这一套，所以父母只能干着急。很多父母不禁会问，我的孩子以前并不是这样的，怎么现在我说的话就听不进去了呢？

沟通的悖论，越沟通越堵塞

一位妈妈说，她看到自己16岁的女儿天天沉迷于梳妆打扮，和男生聊天到夜里很晚，甚至多次遇到男生送女儿回家。女儿现在上高二，她希望去和女儿沟通，告诉她要把精力用在学习上，谈恋爱是不合适的。她也想告诉女儿，和男生接触不要发生太亲密的行为，尤其是性行为。

但是她不知道要怎么和女儿说这些话，因为她一管，女儿就会说，我知道你说的这些，但是我觉得人生没有意义，活着也没有什么乐趣，我才会找一些让自己开心的事情做。我也不想成绩不好，被老师和同学瞧不起。

她看到女儿因为成绩不好关上门痛哭过、失眠过，女儿从一个活泼可爱的小女孩变成了一个多愁善感、消极沮丧的少女，她很心疼。但是想到自己对孩子这么宽容，孩子还总说这些厌世的话，她也很愤怒，觉得女儿一点儿都不考虑她的感受。

她很担心如果她再对女儿提要求，就是把女儿往死路上逼。

她觉得女儿承受不住这些要求，女儿需要通过买衣服、化妆打扮、与男生交往这些途径来保持对生活的兴趣。

这位母亲想约束女儿的时候，没有底气、没有力量。因为这位妈妈自己已经认定了，如果对孩子提要求，就是在逼她厌世，那么当她想设定一些规则的时候，她的态度总是不坚决。一方面纵容、一方面厌恶，这种矛盾的做法，也使她自己痛苦。一方面，她希望女儿可以改变，但是另一方面，改变的风险又让她畏惧。

她说：“我没有办法去靠近这个孩子，去施加影响，我唯一可以做的就是远离她。这种沟通太消耗我了。”

这种“沟而不通”的现象在青春期孩子的家庭里大量存在。是家长和孩子的沟通有什么特别的地方，使得这一沟通障碍普遍存在，还是我们和孩子的沟通，与我们和其他人的沟通，存在显著差异？

这就需要谈一谈和孩子沟通的一些误区。

和孩子沟通的误区和模式

很多家长觉得自己以前和孩子沟通得挺好的，不知道为什么，随着孩子越来越大，沟通就变得越来越困难。很多时候，这都是误会。可能沟通不好的情况从很早就开始了，但是我们并没有明显感受到。孩子可能早就感觉到了，只是这种困难他只能忍受，无力挣脱。所以沟通的困难和孩子的年龄一样逐渐增大，真实的原因可能是孩子逐渐有能力反抗那些让自己难受的沟通方式了。

反抗可以是积极的，也可以是消极的。

亲子沟通和其他沟通不同。这种不同体现在，家长很多时候不把孩子当成一个独立的人对待，而是当成属于自己的一部分——“我的孩子”。这个落脚点不是“孩子”，而是“我的”，也就是落在了所有权上，所以我们和孩子相处的过程中，不自觉地享有血缘的特权。比如，我们希望孩子听我们的，哪怕当他有自己意志的时候，我们依然希望他听我们的。再比如，我们会用惩罚的方式去沟通，就像很多家庭里都会出现的责罚、羞辱孩子。

但是，我们绝对不会用和孩子沟通的方式去和自己的领导、同事、朋友沟通。和同事、朋友沟通，你会想策略，你会运用智慧达成自己想要的结果，也会在沟通不顺畅的时候想到自己可以接受的妥协办法，去促成一个接近自己期待的结果。这是一个人和另一个人之间的沟通，我们的预设就是，别人不会什么事情都顺从我们，我们只能尽可能地表达自己的意图，并且了解他人的需求，然后通过协商、妥协，达成双赢。

但是我们很少会这样和孩子沟通，最大的受限就是，我们认为是在和一个属于自己一部分的人沟通。中国有句老话，特别能代表我们对这种关系的界定，就是“你是我身上掉下来的一块肉”。

虽然这已经是很陈旧的思想了，但是我们好像依然带着这样的视角和孩子沟通。父母怎么说，孩子就怎么做，这种想法看起来给早期的沟通带来了很多便利，但是从远期效果来看，贻害无穷。

一位妈妈问：“我想控制孩子玩手机，但是孩子现在沉迷其中，怎么办？”

原本成绩很好的女儿，到了高三，成绩每况愈下，情绪也变得暴躁。我觉得她很痛苦，我想帮她，但是我又控制不了她玩手机。

我问这位妈妈："你是如何与孩子沟通的？高三学业紧迫，她自己一天花四五个小时玩手机，她怎么看这件事情？"

这位妈妈回答说："这有什么好讨论的？她不就是喜欢玩，觉得学习痛苦，玩手机才开心嘛！"

我问她："你不好奇吗？原本成绩很好的孩子，为什么突然变成这样？突然觉得学习很痛苦，以至于每天要玩四五个小时手机？你去了解过吗？"

她回答说："不用问我都知道，她就是想玩。"

我说："这是你替她想出来的。孩子怎么想的呢？你没问过。"

当沟通成了独角戏，孩子自然就不愿说话了。因为孩子说什么，家长都不信。这个案例中，家长非常确定，孩子就是想玩，因为学习痛苦。

而事实很可能不是这样的。

真实的原因，孩子自己才清楚。

也许是闺密和自己喜欢的男生谈恋爱了，她觉得自己被排挤、被孤立、没有价值，玩游戏能找到价值感，也能逃避痛苦。

也许是因为考试考砸了，感觉考不上自己想去的学校了，对自己很失望。玩游戏可以保护自己的自恋，到时候如果成绩考得不好，也可以对外界交代说：“不是我没考好，是我考前状态不好。”

至于真正的原因是什么，家长如果没有弄明白这些信息，接下来做的所有事情，都是白费力气。

家长最容易犯的毛病、最大的误区就是认为：孩子能有什么想法，听大人的就好了。

这就给我们的沟通埋下了很多隐患。是，孩子是我们的孩子，但更重要的是，他是独立于我们之外的一个人。我们在和别人沟通过程中需要注意的事项，比如尊重、协商、妥协、双赢，在我们和孩子沟通时，也是需要的。如果我们和孩子沟通时没有这些基本前提，沟通就不是沟通，而是为所欲为。

我们绝不会在朋友不听自己建议的时候，立马羞辱他“烂泥扶不上墙”，但是我们很可能会这么对孩子。

我们在孩子面前太容易想当然地代他做决定，用“我是为你好”的借口逼他服从。有了这样的误区，我们与孩子间的沟通就变了味道，把沟通变成一个达成自己目的的手段。而这个过程中，我们不给孩子斟酌思考的余地，只要求对方执行。

亲子关系中，常见的“伪沟通”模式有以下几种：

- 通知
- 劝说
- 利诱
- 惩罚

第一种：通知。

父母有了某个决议，以命令的方式强制执行，孩子没有商量的余地，只享有知情权。

有一位妈妈觉得10岁的儿子数学成绩太差，决定给孩子报个培训班，提高一下数学思维能力。儿子说：“我不想去，担心听不懂。”

妈妈说：“你先去学，因为钱已经交过了，而且你数学这么差，没有理由拒绝我，要是以后你的数学成绩有了起色，你再来跟我讨价还价吧。”

这件事情在沟通之前妈妈已经做了决断，只是告诉孩子一个结果。

第二种：劝说。

很多家长都擅长讲道理。我们在讲道理这件事情上表现出来的执着令人惊讶。也不知道为什么很多人会形成这种错觉：只要我们不停地说，对方就会听我们的。如果孩子不听，还要动员亲朋好友，谁比较会说，请他来说。我们会用劝说这种方式，把自己的想法灌输给孩子。

这种沟通非常具有迷惑性，因为劝说的人经常会觉得自己开明，和孩子沟通的时候不强势，而是动之以情、晓之以理，所以这类家长很难有机会反思自己的做法，因为他们觉得自己已经做得够好了。

一位妈妈曾经在咨询中向我哭诉：“我和其他的妈妈不一样，我愿意倾听孩子，我愿意跟孩子分享我的人生经验，我也不打骂孩子。可是为什么我的孩子到了初二，每天跟我吵架？我的心血都白费了。”

我请她说一件具体的事情，她说：“我希望我家孩子去上数学补习班，因为他们班同学都在学习，这对于思维的开发非常有利，他也非常需要这方面的锻炼，但是他不愿意。我也没有发脾气，我就每天好脾气地跟他说，说这个课程有多好，我说了十几天，态度一直很和善，动之以情、晓之以理。最后他同意了。结果老师反映，孩子上课的时候不是睡觉就是看小说。”

这位妈妈很不解，也特别委屈："我这是以理服人，孩子为什么不领情？"

第三种：利诱。

家长对孩子说："只要你能达到我的要求，我就可以答应你的要求。"

这看起来好像很合理，有合作精神。这种方式操作起来常常是这样的：很多事情，我们在平常情况下是不允许孩子做的，但是如果孩子成绩好了（或者听话地配合了某件事），家长就允许了。

在这种模式下，家长就给孩子做了一个示范：只要我们的需求可以满足，其他的都好商量，规则也可以让步。家长希望孩子遵守约定，但是家长自己连约定的内容都不确定。尤其是如果我们用这样的方式制定规则，孩子可能很难形成规则感。

比如，有的家长会跟孩子说："你之前不是喜欢一双限量版的鞋子吗？如果你好好上课，把数学成绩提上来，我就给你买。你之前想玩的那个游戏，我也给你开账号。但是如果你做不到的话，那就免谈了。"

孩子就知道了，有些事情是不是被允许，并不在于这件事情本身的对错，而是要看妈妈的心情，而妈妈的心情则主要看我的成绩。

很遗憾，孩子虽然去上了补习班，但是依旧身在曹营心在汉，丝毫没有增加对数学的兴趣。

第四种，惩罚。

这是很多人比较熟悉的沟通方式。我们用惩罚孩子的方式让孩子去满足我们的期待。惩罚的方式也是多种多样：如果你没有满足我的期待，我就禁止你去做你喜欢的事情，或者我就责骂你、羞辱你。

多年前，一个学生的家长请我到她家里做客，她说孩子很尊重我，能跟我好好沟通，我说的话孩子很愿意听，但是她说的话，孩子都不听。

那天我到她家，进入孩子房间时，我被吓了一跳，因为墙上用毛笔和白板笔写了好几行大字，都是“知耻而后勇”。这是孩子爸爸的手笔。

这家孩子的爸爸打孩子打得特别厉害，有一次甚至打断了电视机的天线。他还跟孩子说：“我之所以会这样对你，是希望你知道羞耻。你现在这种一蹶不振、不求上进的样子，你自己能接受吗？天天沉迷于网络，不务正业，不好好上学，还逃课逃学，你不觉得丢人吗？我打你，是想把你打醒，让你知道好歹、知道上进，我这是用心良苦。”

我们惩罚孩子的时候理直气壮：“我伤害了你，但我是为了你好。”惩罚之所以会用得这么普遍，是因为它的短期效益非常显著，而且孩子越小越好用。因为孩子怕我们，为了避免自己受伤害，表面上他一定会顺从我们。

但是这种方式并没有教会孩子如何与他人合作，如何协商妥协，获得自己想要的结果。我们用这种方式告诉孩子，你要让别人畏惧，别人就会屈服于你。

从上面这几种沟通的模式来看，这类沟通是单向输出，是父母通过一切方式去达到自己的目的，这个过程中，孩子的想法和意愿是没有被尊重和理解的。孩子一开始表现出来的也不是合作，而是迫不得已。

以这几种方式沟通的过程中，孩子的情绪感受都会被忽视，在孩子看来，就是大人们为达目的不择手段。所以他能学到什么呢？照顾父母的感受？可是他自己的感受都没有被照顾过。学会好好沟通、协商合作？可是父母就不愿意协商合作，不愿意了解孩子的想法。

最后，等到孩子有力量的时候，他也会用这些沟通方式，不在乎别人怎么想，也不愿意协商合作，用强力来应对（而不是解决）问题。

在亲子之间，我们可以这样理解：沟通的问题不是突然出现的，是积重难返。而且毫不夸张地说，是我们手把手将孩子教育成了难以沟通的人。

很多父母一直使用这种单向的方式和孩子沟通，直到孩子到了青春期，实在沟通不了了，才不得不停下来想，这孩子怎么了？

我们首先想到的是孩子出了什么问题，为什么变了，变得不听话、难以管教。但是现在家长已经不能把他怎么样了，所以只能想想自己还可以做什么。这是无奈之举，却又是一个巨大的进步。

当家长开始想找一找自己的问题时，不妨重新认识一下沟通这个工具。

重新认识沟通这个工具

从字面意思看，沟通指水渠被疏通。为什么要疏通呢？疏通是为了水流可以顺利经过。只要水道通畅了，两边的水就可以顺利地交汇，彼此融合。

人与人的沟通中，信息、情感、意见就是水渠中的水。

单向沟通与双向沟通

以“水”来比喻信息的话，可以将沟通分为三种：

第一种是下行沟通，父母与孩子之间存在地位高下之分，父母的意见对孩子而言，如同水从上往下灌入，是压倒式的。这种沟通最容易，因为不太需要考虑下面的意愿与需求。很多父母和孩子沟通采用的都是这样的模式。

第二种是平行沟通，指父母与孩子的地位是平等的，水位是平的，水流可以双向流动。这是一种平等的沟通，在这种沟通情境下，双方要理解彼此的需要，并在一定程度上给予满足。

第三种是上行沟通，父母与孩子之间也存在地位高下之分，在下位的孩子，其想法或意愿很难到达父母那里。这种困难很多孩子都面临过，真实的信息、自己的想法和意见传达不出去，家长也没有兴趣了解实际情况。

疏通水渠，是为了让水流畅通；关系中的沟通，则是为了让信息，包括内容和情感，彼此畅通，达成一致，形成协商结果。无论是搭建沟通渠道，还是交换信息、协商一致，每一步都是不容易的。

上行沟通与下行沟通都属于单向沟通，平行沟通才是双向的、真正意义上的沟通。

这就要说到沟通的几个关键要素。

沟通的关键要素

首先是沟通渠道。

渠道是语言也好，文字也好，书信也好，无论是哪一种渠道，最重要的是我们要保证，无论我们想表达多么不同的内容，无论彼此在一件事情上的需求有多么巨大的差异，依然可以完全表达出这些信息和需求。首先，这条通道需要被打通，否则就不存在沟通这回事。建立渠道这个沟通要素，最主要的品质是接纳、不评判。

其次，交换信息是一个技术活儿，因为信息的形式非常复杂，有言语的、非言语的、情感情绪的，这些都是信息。

交换信息难在哪里呢？还是以前面妈妈和孩子沟通数学补习这件事情为例。

妈妈知道自己的想法——我儿子数学不好，我希望他去参加补习班，努力把数学成绩提上来。她很担心如果继续这样下去，孩子学习数学的信心会逐渐丧失，再也没有机会学好数学，那以后的学业就毁了。

但是这件事情中孩子的真实信息有哪些呢？没有。

沟通在这里就卡住了，我们根本不知道孩子到底遇到了什么事情，产生了什么情绪感受。家长往往觉得自己和孩子是同一个人，孩子的信息不需要去问，因为家长觉得自己都知道。家长怎么知道的呢？猜的！替孩子想出来、感受出来的。

很多时候，孩子解释过、表达过，但是我们听不进去，因为在我们看来，那都是借口、是矫情，我们替孩子想出来的才是真的、正确的。所以孩子就不说话了。

不仅真实的信息没有得到，家长对孩子情绪感受的理解也非常少。孩子对学习的认知到底是怎样的呢？成绩下降的体验又是什么？他是怎么感受自己目前的生活的呢？

在亲子沟通中，这都是极其基础、极其重要的信息。

说到这里，我想起一个故事。

一个男人在路灯下找东西，找了半天没有找到。这时候来了一个警察，问他：“你丢失了什么东西吗？”

男人说：“我丢了钥匙。”

警察说：“我帮你找找。你是在这个路灯下丢的吗？”

男人回答说：“不是，是在花园那边丢的。”

警察问：“那你为什么在这里找呢？”

男人回答：“因为这里有灯啊。”

我们总是只想解决问题，以为自己能解决问题，却经常忽略问题是什么。

很多父母对孩子缺乏基本的了解，只靠猜测。我们是和自己想出来的那个孩子在沟通，而不是和眼前的孩子在沟通。因此，收集信息这个要素所需要的品质是倾听。

做父母的总是说得太多，听得太少。我们总感觉自己很了解孩子，所以不需要听，孩子还没开口呢，我们就全部知道了。

这种缺乏耐心、不能认真倾听的状态使得我们和孩子之间很难充分交换信息。我们可能对孩子的基本情况都没有了解，就开始急着做后面的事情了，急着去帮助他、改变他。

比如，前面的案例中，妈妈想要的结果是孩子好好学习，提高成绩。那我们需要和孩子去协商、去讨论怎么达成这个目标。

家长需要看到孩子真实的学习障碍在哪里：是缺乏学习动力，还是欠缺学习方法、不会学习，抑或是智力跟不上、没办法达到优秀？

如果是心理方面的因素（比如缺乏学习动力），就要继续了解孩子的内心世界，看看孩子的情感诉求是什么，这个诉求怎么被照顾到。

只有真正明确孩子的诉求，提升孩子成绩这件事才有了合作的基础。

有了沟通渠道，掌握沟通信息之后，家长需要记得自己沟通的目的是获得一个双方达成一致的结果。这个结果可能需要一个协商妥协的过程，可以使双方的情感和诉求在一定程度上被理解、被照顾。这里所需要的品质是妥协。

这一步家长做起来也是困难重重，因为我们不习惯跟孩子沟通的时候妥协，我们总是让孩子妥协。等孩子大了，家长感觉管教孩子无处下手，就只能被迫妥协了。

妥协是一个人既不完全放弃自己的愿望和想法，也愿意照顾对方的感受和需求，在差异中寻求合作、寻求双赢。这是关系良性发展的一个重要基础，也是一种非常必要的品质，对孩子以后的关系建设来说，是一种必要的技能。

但是在实际操作中，家长要么强迫孩子屈服，要么选择自己无奈妥协。因此，很多孩子从来没有机会学习如何在保护自己利益和需求的前提下做出让步，照顾别人的需要，从而获得环境的理解和支持，更好地发展自己。

总结一下，要完成一次有效的沟通，我们需要具备沟通的基本品质：

第一，接纳、不评判，这样才能建立一个沟通的渠道。

第二，耐心倾听、不自以为是，这样才能获得真实的信息。

第三，合理地妥协，这样才能得到双方一致认可的结果。

这三个方面缺一不可。

如果我们能建立一个有效的沟通渠道，使信息和感情自然流动交汇，并充分理解和感受彼此，我们就有办法在尊重彼此感受的基础上，促成一个彼此都满意的结果。

本着这样的原则去和孩子沟通，不是再也不会遇到沟通的难处，也不是孩子做什么事情都能顺着你的意思，而是不管孩子遇到什么样的难题，我们搭建的良好沟通模式都能更好地帮助孩子表达自己的难处和感受，以便他获得帮助，更迅速地从当前困境中抽身。

除了做好和孩子好好沟通的准备，我们还需要了解和青春期孩子沟通的难点。

青春期沟通的矛盾与难点

我们说的青春期，是指从孩子十岁左右的青春早期到十七八岁这样一个年龄跨度。这个年龄段的孩子处在一个飞速成长的过程中。青春期的孩子，随着大脑及身体各器官的发育成熟，生活体验也逐步加深，因为身体长高了像成人，但心理不够成熟，因此不安和好奇心相互交织，自我意识增强，富于反抗精神，开始对异性关注，渴望被认可。这个时期可谓矛盾重重，险象环生。

青春期的孩子对于自我的体验和感受变得清晰。他们对自己产生了强烈的兴趣，热衷于思考自己的特点，时而对自己感觉良好，时而又觉得自己不完美、感到沮丧，正是“为赋新词强说愁”的年纪。所以青春期又被称为人生的第一个“危险期”，处于这一时期的孩子内心矛盾，非常需要身边人的理解和关爱。但是当家长关心他们的时候，孩子又很容易拒绝，这也给家长带来很大的压力。我们来看看青春期孩子的几对矛盾线，就知道为什么和青春期的孩子沟通会很辛苦了。

矛盾一：成熟和幼稚

孩子身体的快速发育，会给我们一种他成为大人的感觉，但是他的很多思想观念还在塑造期，而不是成熟期。所以孩子只是看起来成熟了，但内在的心智远远没达到成熟、稳定的状态。这是个特别的时期，外观的成熟和内在的不成熟同时存在。我们很容易极端地对待这个时期的孩子：要么无视他的成长，还把他当个孩子；要么无视他的不成熟，直接把他当成大人。这些对于孩子内在差异认识的不足，使我们找不到合适的和孩子沟通的位置。

但这个时期孩子很需要引导，帮助他度过这个非常动荡的阶段。

家长不能把青春期的孩子完全当孩子，所以需要给予其更多的自主空间和更多的尊重，让他自己为自己的一些事情做选择，而不是还像对小孩子一样对他。

父母教育孩子的最终目的是让他成为一个独立自主的人，但是在一些本应该由孩子做主的事情上过多地干涉、过多地照顾，就会破坏孩子独立性的形成。很多孩子上大学了还要妈妈每天早上提醒他起床，去哪里都要帮他打车，等等，这会在一定程度上破坏孩子的独立性。

但是也会有家长因为经历了和孩子的长期争吵，或者孩子表现出强烈的叛逆后，心灰意冷，觉得自己在管教孩子上无能为力，就决定什么都不管了。

这个阶段完全放手，让孩子为所欲为，也是极其不妥的。因为这个时期的孩子前额叶的功能还没有发育成熟，容易冲动，而且社会知识经验和经历少，极容易被同伴影响而冒险，甚至误入歧途。因此，这个时期父母的引导依然很重要。

细心的家长可能会发现，虽然孩子乐于表现自己独立的一面，常常表现出桀骜不驯的样子，但你心平气和地给他一些建议和指导，只要孩子心里认可了，他虽然不会当面表示赞同，但会默默记在心里，日后也能很好地做到。

矛盾二：独立和依赖

青春期的孩子开始意识到自己可以有自己的思想、可以自己做主，他会产生出一种把自己和家庭划分开的愿望，以此来了解自己的能力边界，去交自己的朋友，去发展自己的兴趣。同时，因为他很多事情都没有经验，缺乏深度思考和决断的能力，他又希望继续像以前一样依赖父母。

这个时期的孩子看上去比较别扭。家长去管他，他会表现得不耐烦，家长内心也容易有情绪。但是家长不管又放心不下，担心他会走岔了路，给自己带来麻烦和伤害。

有个孩子到了青春期，性格发生了很大变化，以前很懂事的他，现在经常发脾气。妈妈怕总是争吵影响亲子关系，也担心他情绪过于激烈影响成绩，就渐渐地不敢招惹他。孩子于是肆无忌惮起来，后来演变成每天晚上玩手机都要玩两三个小时。

妈妈想管，但是觉得自己根本管不住，孩子不听她的。但是不管呢，她又每天焦虑，怕这样下去孩子就毁了。

这就涉及什么样的事情需要家长管，而什么样的事情不需要家长管的问题。这个年龄段的孩子，管理自己的能力并没有完全形成，在这个例子里，妈妈的权威性已经丧失，这对于孩子未来的成长有很大的风险。

青春期的孩子，一方面想尝试独立，另一方面又渴望父母的支持。父母要尊重孩子的独立性，也要帮孩子守住底线，在一些原则性的问题上表现坚定。比如，要求孩子不能伤害自己、不能伤害别人、不能破坏社会公共环境，同时对孩子一些明显越界的举止平和但坚定地说“不”。

这样，孩子才能从父母身上获得力量感，才能逐渐学会如何运用自己的力量。

矛盾三：爱慕和压抑

青春期的孩子随着身体发育，激素分泌增多，会逐渐进入性活跃期。这个时期的孩子会不自觉地关注异性，或者对某个人产生特殊的好感，这些都是正常的，是生命成长的自然规律。如果我们没有忘记自己的年少时光，一定也会想起我们曾经对某个少男（少女）魂牵梦萦的感觉。

但是与此同时，青春期又是学业的高压期，家长和老师都不希望孩子分出精力去谈恋爱，我们还特地发明了一个词叫“早恋”。

青春期孩子一方面有天然靠近异性的需求，另一方面又要顾忌社会、家庭对这件事情的态度。一方面他会关注异性，对异性好奇、感兴趣，另一方面他需要压抑这种感觉。

在这里普及一个小常识，一般青春期早恋的寿命只能维持两个月。对很多孩子来说，这只是满足对异性的好奇。但是如果孩子处在一个特别缺乏关爱的家庭中，这个时间会变长。如果父母横加阻拦，这个过程会变得更长。

矛盾四：自律和冲动

这个时期的孩子很想靠自己的力量控制自己、规范约束自己，但是因为控制冲动的额叶功能并没有发育好，所以实际上这个阶段的孩子并不能很好地控制自己的行为和想法，容易与人起冲突，也容易做出让自己后悔的事情。就像很多孩子对自己的学业都有很好的愿望和计划，可实际上却做不到，不是看电视就是玩手机，成绩不理想的时候，他自己也很懊恼。

我给一个孩子做咨询的时候，看过他的学习计划表。我说：“按照这个执行的话，你的成绩应该会很好。”

他倒是很幽默，说：“谁说不是呢？可是我做不到啊。”

如果家长希望孩子把自己想做的事情做成，那么我们需要鼓励他、信任他，给他一种他可以做到的感觉，帮助他建立更好的掌控感与自控力。

家长要理解青春期的孩子，他们自制力不好是很正常的。这些矛盾使得青春期的孩子看起来难以相处，同时又很容易让自己置身险境。如果我们不了解孩子在这个裂变期的特殊性，就会有很多恐惧和担心，这种恐惧和担心可能会让我们做一些事情阻断孩子正常的发展，使得其青春期比较波折，或者使得孩子在这个阶段没有机会锻炼自己的勇气、尝试为自己的事情负责，也没有机会锻炼和他人交往的能力。

另外，父母需要面对的一门极其重要也极其隐秘的功课就是，青春期的孩子虽然还会依赖我们，需要我们的帮助，但是他真的长大了。他会为了成为他自己做出很多尝试，会学会很多我们不知道的新鲜名词，会欣赏一个异性，会有一些不想告诉我们的秘密，会锁上自己的房间。

那个和我们亲密无间的孩子，真的回不来了。孩子再也不可能处在那个无时无刻需要父母的陪伴，和父母有说不完的话的时期了。

我们要面对和尊重孩子长大了这个事实，维护他的尊严，尊重他的隐私，给他一定的私人空间。我不止一次在家长口中听到，十五六岁的异性孩子还跟自己一起睡，什么都告诉自己，没有任何秘密，这是违反人的成长规律的。

父母之爱（尤其是母爱）最艰难之处在于，我们一开始是孩子的全部，孩子全心全意爱着我们、需要我们。这种被爱、被需要的感觉，也许除了孩子，我们在别处从未体验过，所以这种爱是让人迷恋的。只是，随着孩子长大，他就会逐渐从爱父母转向爱他人、爱社会。

所有的爱都是为了相聚，唯有父母之爱是为了分离。如果孩子得到很多爱、很多肯定和信任，他相信自己能有所作为，能融入社会，能和社会合作，是一个有价值的人，那么他就会带着父母之爱行走天下，闯荡四方。

我们要适应孩子终会和我们远离这个事实。

对于一个身心发育健全、基本正常的孩子来说，所谓“离不开父母”这种情况，不是这个孩子特殊，而是父母做了很多事情，使得孩子不忍心或者不能、不敢离开。

分离是生命的主题，孩子放弃分离，就等于在放弃自己。父母舍得放手，把孩子成长的空间让给他，在养育上是一种巨大的美德。青春期是实现分离的一个重要节点。

了解以上种种，对于我们和青春期孩子的良好沟通意义重大。

2

沟通的三个层次

父母如果想让沟通朝着自己希望的方向推进，就需要了解：孩子是如何接收信息、输出信息的，如何让孩子准确接收父母想表达的信息，父母的表达对孩子会形成什么样的影响。明白了这三点，作为家长的我们才知道什么样的沟通会事半功倍，什么样的沟通会事与愿违。

孩子在说什么，你听懂了吗

对于很多家长来说，从“听”，到“听到”，再到“听懂”，需要一个过程。

处理一个问题之前，理性的做法是先收集相关的信息，再根据这些信息去推理、判断。

比如，《三国演义》中诸葛亮找来群臣，商量第二日攻打司马懿，如何声东击西，各部之间如何配合，如此如此，这般这般。

在运筹帷幄之时，诸葛亮最需要的是关于对方的真实信息：了解对方工事布防，摸清对方将领的性格特质等，这些都是他做出决策的依据。

帮助孩子解决问题也一样，我们需要先知道孩子的具体情况。怎样才能知道呢？就是认真且耐心地倾听。唯有认真、耐心地倾听，才能帮我们收集到和问题有关的重要信息，这是接下来正确应对的关键。

但是家长与孩子沟通时，经常出现“收不到信息”的情况，大致可以分为三种类型：不听，听不到，假装听。

第一类家长是“不听”。

这类家长经常觉得没必要去听孩子的想法，因为“孩子知道什么？他听我的就可以了”。

在问题出现的初期，孩子都会试着向父母求助，说出自己的难处、心里的烦恼，希望得到帮助。如果父母总是轻视他的困境，说：“这些问题你都处理不好，你有什么用？”“怎么你总是遇到这些问题呢？不是被罚写作业，就是和同学打架被老师惩罚，你自己好好反省一下！”

大家可以从孩子的角度来感受一下，家长如前所言，那孩子会做什么？当然就是什么都不说了。

当孩子在理智区给家长提供信息的时候，家长却不跟他讲理智，而是肆意表达自己的抱怨、担心，说明家长根本不想帮孩子解决问题，就是想任性地发泄自己的情绪而已。

时间久了，孩子就知道了，“对于你们来说，我的想法不重要，我的问题也不重要，在你们这里，除了被骂一顿，我根本得不到有用的帮助”。渐渐地，他就习惯了不向家长表达。同时，孩子的理性思维也得不到有效的锻炼，遇到问题时，孩子的理性也很容易处于抑制状态。

所以我经常对家长说："在与孩子沟通之前，你先确认自己的目标是解决问题还是发泄情绪。"如果我们控制不了自己的情绪，就暂时不要去管孩子，这样实际效果可能比"瞎管孩子"要好很多。

第二类家长是"听不到"。

这类家长比第一类家长用心，他们说："不，我和他们不一样，我会认真听孩子倾诉。我不但听，还会积极给他出主意。可是效果也不好呀。"

出现这种情况，有可能是家长太想解决问题了。家长觉得自己听了，但是没听懂孩子在说什么。因为孩子一说，家长就急着出主意，急着辩解，急着说教。

曾经有一个面临高考却沉迷游戏的女孩找我咨询。家长和孩子几番斗智斗勇后，终于束手无策，才来做咨询。

在咨询中，我发现这个家庭原本有机会更早地面对和解决这个问题，因为孩子曾经对父母说："我感觉我好像就是不行。我做了很多努力，结果还是比不过那些聪明的孩子。我可能就是做不到。"

这些信息孩子是说过的，父母也听到了。但是妈妈的反应是："你说这些都是借口，其实就是想玩。学习多痛苦啊，谁不想玩？你就是懒，就是任性！"

当家长对一件事情有了自己的成见后，不管现实如何，都会觉得自己想的才是真相。这些先入为主的观念，使得家长听不进孩子的话，当然找不到孩子问题的解决途径。

遇到这种情况的家长，我会给他们讲一个笑话：

一个施工队拿到施工图纸之后，一看很简单，就热火朝天、日夜兼程地干了起来。很快，工程完工了，他们高高兴兴地请对方来验收，结果对方傻眼了。因为客户要的是一个烟囱，但是施工队给他们挖了一口相同尺寸的井。

现实生活中，我们也常常犯这种毛病——还没有听懂对方的需求，就已经为对方想到了办法。

我们总是急着去做什么，却不太了解对方要什么，这是我们和孩子沟通时也容易出现的情况。经常是孩子的话还没说完，我们就已经做出了自己的判断，跟着这个判断一起出现的还有给孩子解决问题的方法。

在上面的案例中，孩子其实非常想考出好成绩，但是实际情况让孩子感觉到巨大的挫败，而这种挫败感不是靠孩子自己的力量可以控制和消解的。她不能通过思考来消除这种挫败感，这种挫败感激起了原始的本能反应，她选择躲避。

一旦我们听懂了孩子的心声，明白她的选择是因为对未来焦虑、对自己失望，那么家长就知道该如何应对了。我们需要做的就是帮她稳定情绪，配合她将情绪控制在理性不会“宕机”的范围之内，然后耐心等待她重建信心，重新恢复积极面对问题的状态。

这才是听到了、听懂了，并给出了恰当回应，从而解决了问题。

如果说第一类家长是“不听”，第二类家长是“听不到”，第三类家长则擅长自说自话，用“自嗨”的方式“假装听”，还假装解决问题。

一个孩子在上课时不够专心，班主任跟家长反馈了这个情况，顺便交代了孩子爸爸几句：“孩子已经到初二了，你们要警惕，这个阶段孩子成绩最容易出问题。”

爸爸回家，立马着手解决这个问题。他把孩子找过来说：“你们老师找我了，跟我说你现在听课不专心，影响了成绩，这样不行。从现在开始，你要调整自己的态度，上课要好好听。你不听课，下课就不会做题，不会做题，下次就更不愿意听课，这是个恶性循环，你要引起绝对重视。”

孩子说：“我只有地理和历史没有认真听，因为那些内容我自己早就学过了，知识点我都会。最近我做数学函数的题目总是容易出错，所以我有点着急，上历史课和地理课时我就偷偷地在下面做数学题。”

爸爸听孩子说完，就说：“历史课和地理课你不听课，老师怎么想？想学好数学不能成为不尊重老师的借口，有错误就要承认，就要改进。我和你妈也分析了一下原因，你之所以最近不够专心，是因为你最近玩手机的时间多了些，下周开始，手机平时不能玩了，周末给你玩两小时。还有，上次你给一个女同学买了礼物，我们觉得从现在开始，你也要注意和女同学的接触。不管怎么样，你都要收收心，把注意力放到学习上。”

爸爸和孩子谈完话之后，很高兴，觉得自己态度很温和，表现得很友好，没有骂、没有打，解决问题的方式既有针对性，又很文明。他对自己很满意。

孩子的反应则是很蒙——我这么努力地在解决自己的问题，不让数学拖自己的后腿，想办法把数学成绩稳住，结果你们家长什么都不懂，一句好话都没有。还扯什么手机和女同学……简直气死我了，越想越气。你不让我玩手机？我偏玩！

这个案例中，孩子原本处在理智区域，努力运用自己的智慧解决自己的问题，却因为家长“自嗨”式的沟通被带进了情绪区，变成了不解决问题，只发泄情绪。

如果在前期的父子沟通中，父亲听懂了孩子的话，就会明白：孩子现阶段对自己的数学成绩有些不满意，希望把数学成绩提高，为此不惜占用其他科目的时间。家长如果能看到孩子的付出，肯定他的努力，也许只需要提醒他遵守课堂纪律，避免老师不必要的误会就行了。或者在数学学习上和孩子一起想想具体的提高成绩的办法，就会获得双赢的结果。

家长不听或听不懂，都会让孩子觉得“父母不懂我，也不想懂，跟他们说什么都是白费力气”。所以孩子只听我们讲，自己不吭声，才导致我们沟通了千遍万遍，孩子的问题还是一如从前。

有些父母到了孩子上初中或高中的时候，花费巨大的精力和代价去陪读，最后不知道为何还是矛盾频出，令他们非常痛苦。他们经常会问：“我为孩子付出了这么多，孩子为什么就是不肯和我好好说话，也不能体谅我的良苦用心呢？”

因为我们不仅听不懂孩子的话，体会不到孩子的感受，不能给予恰当的回应、支持，还总是把孩子从理性状态拖拽到情绪状态，让孩子减少了很多用理智思考和解决问题的机会。对孩子来说，父母如果不急着解释、批评、争辩、教育，先等一等，了解一下情况，那么孩子的信息就会源源不断地流淌出来。

让孩子感觉到父母愿意倾听自己的关键点是：

1. 不评价，不批评。

2. 不先入为主。

3. 不着急处理。

如果孩子不愿意和父母沟通，那父母就需要更多的耐心和坚持，和孩子建立新的沟通模式。只有你真正了解孩子遇到了什么事情，你才知道下一步应该为他做什么。

我们可以从以下几个角度获得真实的信息：

1. 发生的客观事实是什么？了解事情的经过。

2. 了解孩子的感受是什么，有什么情绪。

3. 在这种感受下，孩子做了什么，这个行为对他的影响是什么。

如果我们能对孩子保持好奇，安心听孩子说话，就已经是在安抚他的情绪了。

很多时候，当孩子有机会把自己的经历和情绪都表达出来的时候，他可能很快就能找到解决问题的办法。因为他感觉到被理解了，感觉有人陪伴自己、关心自己，他战斗、逃避的原始反应才会消失，理性才会重新掌舵，他才有力量、有可能去解决眼前的问题。

以上是沟通的第一层：听，听到了，并且听懂了。

接下来，我们需要用恰当的方式告诉孩子“我听懂了”。如何反馈，才能让孩子知道父母听懂了呢？

怎样表达，让孩子知道我们懂他

在有效倾听之后，表达理解是顺畅沟通的第二步。

如果我们向孩子表达的是关心的态度，是无论孩子遇到了什么问题，我们都和他在一起，这些表达能鼓励孩子与我们保持良好的沟通渠道。

沟通良好，我们就有机会知道孩子的想法和感受是什么，以及在这种感受下他做了什么样的反应。这里涉及很多父母不太擅长的一件事情——感同身受。

高考前沉迷游戏的女孩，在一次重要考试中成绩大幅下跌。我们先不追究成绩下跌的原因，只是假设：如果你是这个孩子，你的感受是怎样的？会不会对高考更加焦虑，会不会担心老师和同学的眼光，会不会担心被父母批评，会不会担心父母失望，会不会担心以后去不了自己心仪的学校？有没有可能不受控制地胡思乱想，担心得睡不着？

如果你重回高三，遇到这样的情况，你希望周围的人怎么对待你？

如果父母能想到这些，就会对这个孩子更加理解和包容，从而愿意安抚她、支持她。这就是感同身受的能力。

在咨询中，我问了女孩妈妈这个问题。妈妈的回答是："如果我遇到了这样的事情，可能会很着急，很想把这个问题解决。我很怕别人会因此瞧不起我和疏远我。我以前就是这样，成绩不好，人就很自卑。"

如果妈妈当时能这样理解孩子，就会明白孩子目前的状况情有可原，因为大部分人处在类似情况下都会焦虑、会想逃避。就像一个在游泳池里筋疲力尽的选手，只想上岸休息一会儿。

理解孩子的情绪感受，是沟通中最重要的事情。

当孩子的感受被我们关注，并且我们表达出对他的理解时，孩子会觉得我们懂他，是个能说话的人。这种理解会帮助孩子打消顾虑、获得勇气，从而恢复智力活动。

这种理解还会带给孩子另一种影响，让他也能从家长的模式中学习理解别人，进行换位思考。这样也为孩子日后具备与他人合作的能力打下了基础。

一个青春期的孩子和我说起过一段她自己的故事。

读小学的时候，她家条件不好，父母干农活很辛苦，花钱很节省，极少给她买零食。有段时间，她身边的同学都买零食吃，但是她没有钱，所以她就从家中放钱的抽屉里偷偷拿了一点零钱——很少，就几毛钱。她买了块泡泡糖，一直放在嘴里嚼，向小伙伴们表示自己也能买零食吃。

她的妈妈发现了，就去和老师说了这件事情，让老师管教她。

老师找到她，问："你遇到什么事情了，需要悄悄地用钱？"她说："别的同学都有零食吃，但是我没有，我觉得很丢脸。我也很想有零食吃，想和他们一样，这样他们才和我一起玩。"

老师说："我知道小朋友都喜欢吃零食，想大家一起玩。老师知道你是好孩子，但是悄悄地拿家里的钱会让大家误会你，觉得你不是好孩子。下次想吃糖，你跟老师说，我帮你买好吗？"

她对这个"好孩子"的评语印象深刻。从那之后，她再也没拿过家里的钱，也没有找老师要钱买过零食。那时的她不清楚自己为什么变了，也不知道自己得到了什么，就是感觉不一样了。

现在我们可以看到，是因为这个老师倾听了她、理解了她，给了她非常治愈的回应，所以改变自然而然就发生了。老师没有说教，没有批评惩罚，一个好的结果却自然出现了。

这个孩子和我讨论时，我们一起分析这件事情，她觉得因为自己拿家里钱这件事情让父母把她当"坏孩子"，没有站在她这一边，她觉得那个时候父母是嫌弃自己的。但是她遇到了一个好老师，认为她是“好孩子”，她感觉自己没有因为做了错事就被抛弃、被疏远，感觉很温暖。她当时就想，这个老师要是我的妈妈就好了。由此可见，被听懂与情绪感受被理解密切相关。

孩子感觉自己被听懂、被理解了，常和这几个因素有关系：

1. 我的事情你感兴趣，你关心我。
2. 我的感受你能理解，即使我做了错事，也能被你接纳。
3. 你会站在我这边，你是我的盟友，不是我的敌人。

达成合作，找到解决方案

如果我们希望和孩子达成合作，推动问题解决，前两步完成了信息收集、建立良好的沟通途径，那第三步，我们就要讨论问题本身，找出解决方案。

要解决问题，促成一个好的结果，需要家长的理性和智慧一直在线，也就是我们需要启动大脑的思考功能，而不是被情绪席卷。解决问题是一个智力活动，而不是一个情绪活动。

之前我们说过，很多家长和孩子沟通的常用方式是讲道理、威逼利诱、打骂惩罚。这些方式不能起到很好的作用，因为使人不快乐，在情感上让人抗拒，同时也干扰我们的理性思维，把我们从理智区域带到情绪状态里，激活战斗逃跑反应。

同样是悄悄从家里拿零花钱，另一个孩子就没前面那个女孩那么幸运。

一个6岁的小男孩从家里拿了钱，但是没告诉父母。爸爸感到非常愤怒，把儿子骂了一顿，说孩子人品有问题，自己绝对不能容忍有这样道德败坏的儿子。

可是这个孩子之后依旧会“偷”钱。

折腾了好多年，孩子上了初中还是会拿家里的钱，甚至在学校也拿同学的东西。

在我的咨询室里，孩子爸爸最后崩溃了：“我自己品行高洁，对孩子的道德要求这么高，孩子为什么会这样不成器？”

我问：“孩子拿钱做什么呢？”

爸爸说：“不知道。”

我问：“一个6岁的孩子会怎么理解这个行为？”

爸爸说：“不知道。”

他只是理所当然、先入为主地把这个行为断定为一个道德败坏的行为，给孩子贴上“品行不端”的标签。孩子在这件事情中除了确定自己是个“坏人”之外，没有得到任何帮助。

我们要帮助孩子改变一个对他有害的习惯，最起码要知道这个习惯对他的意义，同时和他一起找到其他更恰当地满足他的需求的途径，这样才能想办法赢得孩子的合作。

当感觉到被爱的时候，孩子才有动力把事情做得更好。但是父母却希望通过向孩子表达“你不好，你令人讨厌”来让孩子变好，这是多么南辕北辙的事情。

当家长听到、看到孩子的种种不当行为，很容易因为担心、失望、害怕、焦虑而产生强烈的情绪。这是很正常的反应，因为关心则乱。但是如果我们的目的是帮助孩子解决问题，就必须保持理智，一直记得与孩子沟通的目的是什么。

我们需要保持情感通道的畅通，对孩子做到感同身受，同时，我们还要调动自己分析、解决问题的能力。

只有家长处在一个情感能流通，而意识功能又很好的状态，才能以自己的人生智慧切切实实地帮助孩子。

比如，高考前玩游戏的那个女孩，她的妈妈因为无法让孩子按照自己的意愿去改变，一方面很生气，指责抱怨孩子，另一方面又经常当着孩子的面痛哭，诉说自己为什么这么倒霉，摊上这么一个孩子。妈妈的这种处理方式，就是情绪通道完全被打开，她被自己的情绪淹没了，这种高浓度的愤怒让她的理智“宕机”，智力无法工作，完全用情绪处理问题，结果就是孩子日益消沉，母女关系急剧恶化。

上面那位因为6岁的孩子拿家里的钱，就在盛怒之下责骂孩子的父亲也是如此，他完全用情绪处理问题，结果事与愿违。

当我们很冲动、情绪张力很大的时候，我们不要做重大决定。因为人完全陷在情绪里时，只会产生一个结果，即所有想解决的问题都会停留在原地，甚至愈演愈烈。

如果孩子一遇到问题，我们的情绪就爆炸，那么孩子和我们在一起就很难学到解决问题所需要的必要技能。面对孩子的问题，即使出现一些状况，家长也表现出自己能处理的样子，这本身就是给孩子的定心丸、镇静剂。

对家长来说，不被孩子的问题打倒，本身就是解决问题的方式之一。

《三国演义》里有一段司马懿与诸葛亮斗智的故事：

诸葛亮最后一次北伐，兵屯五丈原，但司马懿知道诸葛亮的短板，坚守不出。诸葛亮使用激将法，派使者给司马懿送去一套女装，嘲笑他不像大丈夫，想激司马懿出兵。结果司马懿丝毫不为所动，终于拖到诸葛亮健康出了问题而获得这次战役的最后胜利。

诸葛亮意欲让司马懿因为羞愤进入情绪状态，从而做出错误的决定。但是司马懿没有上当，这种情绪被他在意识层面处理掉了。司马懿非常明白自己的目的是什么，从这一点说，他值得家长好好学习。

3

沟通的关键要素——情绪

情绪是一种能量。能量只能传递和转化，而不能被消灭。

很多父母发现孩子有情绪的时候，会告诉他“谁还没有情绪呢，忍忍就过去了”。这话听起来充满人生哲理的意味，但它是错的。因为情绪靠“忍”是过不去的，它只能暂时被压抑。但它的能量会堆积，并在未来持续影响这个人。

无论是父母还是孩子，面临一些棘手的问题时，沟通过程中都会产生大量的情绪。这些情绪如果没有很好的应对方式，彼此都容易受伤。

知己知彼，百战不殆。我们正确应对情绪的前提，是认识情绪。

认识情绪

人与人之间互动，情绪是纽带。

情绪是什么？内心感受的外在表现就是情绪。情绪其实分两种，让人感受好的和让人感受不好的。让自己感受好的情绪，我们称为“正面情绪”，而将让人感受不好的情绪称为“负面情绪”。

在日常表达中，我们说的“有情绪”一般指令人感受不好的负面情绪，如生气、愤怒、紧张、沮丧等。负面情绪会让人产生一定的心理压力，我们称之为“情绪压力”。

当我们的主体诉求与现实不一致时，或者自身能力不足以应付当前的问题时，就会出现负面情绪。比如：情人节希望得到礼物，结果爱人忘记了，你会很生气；接到一个大项目，担心自己的能力应付不了，你会很焦虑；等等。

不少人抵触自己“有情绪”这件事情，认为自己不该有情绪——当然，他们说的是负面情绪。就像我的一位朋友认为自己应该任何时候都保持心平气和，不应该对孩子生气，不应该发火，她理想中的妈妈应该是无论孩子做什么，都对孩子保持着慈爱。

当然，这样的画面大家想想就行了，在现实中，它不具备可操作性。

因为情绪是人类与生俱来的本能之一。从远古时代到现在，情绪一直是我们和他人连接的纽带，也是生命不可或缺的自我保护功能。

人类的基础情绪包括喜、怒、哀、惧四种。每一种情绪都不可或缺。

喜是喜悦，包括高兴、开心、愉悦、舒服之类的情绪体验，是一种促进人成长和进步的能量。父母夸我们做事认真，我们很高兴，以后也更愿意认真去做；成绩好得到老师表扬，我们心里很有价值感，更乐意努力学习。这都是喜悦这种情绪带给我们的影响。

当一个人处于喜悦的情绪状态时，大脑皮质的反应和接纳能力就会特别活跃。比如，一位男士相亲遇见了一位特别漂亮的女士，两人一见钟情，男士喜不自胜。这时服务员不小心洒了点儿汤到他的袖子上，如果平时他可能会发火，但是在当时那种特别愉悦的状态里，他会说："没关系，就当是给我的白衬衫加些颜色。"

如果一个人在成长历程中很少体会到这种喜悦的能量，那么他的成长动力就很可能被明显抑制或者被损伤。

怒是一种守护和改变的力量，包括愤怒、生气、厌恶之类的情绪体验，一般在感觉对方侵犯到自己的利益边界，自己不能接受时出现。愤怒是一种很强大的能量，当我们发怒时，往往会对对方产生一定的威慑力，让对方停止侵犯行为，重新审视和你的交往，调整互动策略，这样我们就能更好地保护自己。

而当我们对孩子发怒时，因为成人与孩子在力量上本来就悬殊，孩子为了自保，唯有不断地调整自己的行为来适应和消减我们的愤怒。这种无原则的调整很可能伤害到孩子，因为力量不均衡，家长的利益诉求可能非常不合理，而孩子又守护不了自己的利益边界，就只能用隐忍或极端的方式来应对。

一个女孩，因为性格内向，在学校总是受欺负。她向妈妈诉说，但妈妈总是很忙，并没有把她受欺负的事情放在心上，反而教训女孩说："为什么总是你被欺负呢？你受欺负为什么不还手呢？"

孩子向家长求助无门，只好跟老师说。老师找学生了解了情况，也进行了批评教育，说同学之间要友爱。结果女孩回来之后，发现她的作业本不见了，书包被扔进了垃圾桶。

有一次，一个女同学正准备藏她的东西，刚好被她撞见，她非常生气地拉起同学的手腕使劲咬了一口，说：“你要是以后再敢欺负我，我咬断你的脖子。”

老师来处理这件事情，她哭着对老师说：“我的东西总是丢，她们总说我坏话。既然没有人肯帮我，那以后我就靠自己了。谁敢惹我，我就报复谁！”

这个内向的女孩如果没有得到及时、恰当的帮助，很可能就要带着满腔的仇恨，带着对世界的不信任走上自己的人生之旅。

哀，就是悲伤，包括伤心、难过、忧郁之类的情绪体验。悲伤是一种结束、停止的力量，让人从动荡中回归沉寂。在巨大的丧失面前，哀能帮助我们保存能量，免于心力衰竭。古代对于亲人丧葬有非常严格而又复杂的哀悼过程，从人性的角度说，这是个非常好的设计。

有一对兄弟，因为爸妈常年在外地打工，由奶奶一手拉扯长大。奶奶为人朴实、善良，对两个孙子尽心尽力，把两个孙子养育成人后，奶奶去世了。

大孙子伤心欲绝，哭晕过去几次，逢人就说他难受，老人家走了他伤心、后悔，觉得自己做得不够，身边人看了都不禁潸然泪下。

小孙子也伤心，但是他将哀伤压在心里，并不诉诸言语。他默默收起了奶奶的照片，把奶奶藏零钱的小罐子也收起来。他夜里彻夜难眠，独自流泪，不相信奶奶已经走了。

几个月过去，大孙子逐渐从失去奶奶的悲痛中恢复过来，而小孙子却得了抑郁症。

当我们遇到一件悲伤的事情时，最好的应对方式是尽情悲伤，将这些悲伤充分表达、宣泄出来，然后才可以从中走出来。

如果旁人都来劝说：“你不要这么难受，要是奶奶泉下有知也不希望你这么难受，老人家走得也不心安……”这样一来，悲伤就被抑制了，郁结在心里难以消解，很容易演化成病理性哀伤，变成抑郁。

惧是恐惧。恐惧是一种保护的力量，包括惊恐、害怕、担心、焦虑之类的情绪体验。比如，一个单身女子深夜回家，如果发现后面有个男人跟着，本能的恐惧会使得她走得更快，或者寻求帮助，从而让自己尽量避开危险。

恐惧对我们有保护功能，但如果“恐惧”的心理功能过于强大，也会给自己带来伤害。有些学生在考试的时候容易紧张、害怕，甚至出现手抖、出汗、腹痛、大脑一片空白等躯体反应，就和这种情绪状态有关系。孩子在过于恐惧的状态下，很难考出理想的成绩。

由此可见，每一种情绪都有存在的必然性，对我们都有作用，没有好坏之分。但是在生活中，大家都喜欢让自己感觉舒服的正面情绪，如快乐、平静，也喜欢和情绪好的人在一起。我们希望看到别人开开心心的样子，这样自己也是舒服的，看到别人哭丧着脸，自己也会觉得烦躁不安。

一个小男孩的玩具摔碎了，很伤心地哭起来，爸爸看见后就可能莫名烦躁，冲孩子说："哭什么哭！男孩子，动不动就哭，不丢脸吗？不许哭了。"

丈夫在单位被领导批评了，回家看到妻子拉着脸，立马就生气了："你能不能不要整天拉着个脸，好像大家都欠你的一样，你就不能高兴一点儿吗？"

这样的例子不胜枚举。

一般说来，容易被别人的情绪带着走的人，大多缺乏和负面情绪相处的能力。他们的想法是，我最好不要感觉到这些情绪，身边的人也不要有这些情绪。

可是无论我们喜欢还是不喜欢，情绪都会存在，在我们漫长的一生里，我们还会无数次和这些情绪在一起。

情绪的四个特点

特点一：具有能量

情绪是一种能量。中学物理告诉我们，能量只能传递和转化，而不能被消灭。情绪也是。

很多父母发现孩子有情绪的时候，会告诉他："谁还没有情绪呢？忍忍就过去了。"这话听起来充满人生哲理的意味，但它是错的。因为情绪靠忍过不去，它的能量会堆积，并在未来持续影响这个人。

大部分情绪经过自我调整，可以被化解。但是如果情绪的浓度高到自己难以处理的时候，我们就需要其他的办法帮助自己去表达和释放，或者借助外力去转化这些情绪。

如前面的例子，两兄弟的奶奶去世，老大的做法是不断诉说、哭泣，表达悲伤。他的悲伤在其他人那里得到了认可，得到了理解和共鸣，他人的力量给了他依靠与慰藉，他们一起来面对浓烈的悲伤。

老二之所以得抑郁症，是因为他把悲伤完全锁到身体内部，隔绝了外界的陪伴与支持，这些浓烈的悲伤对他形成了极大的自我消耗，最终把他击倒了。

战国时期，魏国的信陵君魏无忌联合其他五国合纵抗秦，击败秦将蒙骜，将秦军逼退至函谷关。此役之后，魏无忌威震天下。很快，秦国使用反间计，在魏王面前进言说："现在信陵君领军在外，风光无两，世人皆知魏国有信陵君魏无忌，而不知有大王您。"魏王听后，五脏六腑如油煎火烤，于是削夺魏无忌兵权，联盟瓦解。

魏无忌回国后，心灰意冷，沉迷酒色，郁郁而终。魏王不信任他，他愤怒失望，但是他没有办法。眼见可以取得更好的成果，计划却被腰斩，他伤心不舍，愤懑不平，但是他没有办法。大量无法表达的情绪，把他消耗殆尽。

特点二：过程性

情绪就像潮水，有潮起潮落。

你今天在上班路上遇到别人不遵守交通规则别你的车，你很生气。到了办公室，你就跟同事“吐槽”了几句：“今天早上开车遇到一个神经病，别我的车。”

同事说：“我特别理解这种感受，我最讨厌那样的人，上次为这事还跟人在路上吵起来了，那种人素质真差……”说着说着，你的气消了，心情也平复下来。情绪的浪潮过去了，你也很快就能进入工作状态。

日常生活中的事件如此，我们和孩子、伴侣之间也是如此。人在情绪潮起的时候很冲动，容易做错误的决定。真正的大事，最好等情绪的潮水退去，冷静下来时再做决定。

特点三：传递性

情绪会在人际中蔓延，传递给别人，越是亲近的人越容易传递。心理学中有个理论叫“踢猫效应”，说的是一个职员在公司被领导批评以后很生气，回家看到妻子饭菜还没准备好，就对妻子发了火，妻子因此很生气，看到孩子没有好好做作业，就冲孩子发了一顿火，孩子莫名其妙，看到趴在沙发边上的猫，就踢了猫一脚，猫一转身抓坏了家里的沙发。

在这个情绪传递链条中，猫是最弱小的存在，受气最多。而在我们的家庭里，孩子也很容易成为弱者。孩子越小的时候，越容易成为情绪的最终承接者。如果父母总是无意识地将自己的怒火和挫败感发泄到孩子身上，孩子无法躲避，无法表达（要说清楚自己的情绪感受，是一件很不容易的事情），又无法自我消化，就只能啃手指、砸东西、撕扯玩具。这是他唯一能找到的释放途径。如果家长还因此责备他，阻止他发泄，孩子最大的可能就是变得沉默、安静，也逐渐失去活力。

特点四：非理性

情绪的产生是一种本能的反应，非常迅捷，远比意识快，因为意识还需要思考与选择。因此，意识根本无法控制情绪的产生，意识能做的，是选择情绪的表达方式——极度愤怒时，是砸桌子还是打人。

当一种很强烈的情绪产生时，也就意味着我们大脑的理性区域功能会受抑制。所以情绪是感性且不讲理的。

一个孩子考试回家，拿着试卷给妈妈看，妈妈一看立马脸色大变，愤怒的情绪爆发："什么？你才考了70分？考这么点儿分，你怎么好意思拿给我看！"

孩子站在那里，低着头，一句话不敢说。

到了晚上，妈妈的情绪平复了，想起最近学的一些育儿知识，要鼓励孩子、相信孩子，孩子做得不好的时候，他自己也失望，这个时候，家长要给他信心和支持。

想到这些，妈妈就很后悔，觉得之前不该骂孩子。

但是如果下次孩子又考砸了，妈妈的愤怒依旧会爆发，那些理性的育儿知识又会被愤怒掩盖。这也是很多家长“知道，但是做不到”的原因。

认识到情绪的这些特点，能帮助我们和孩子更好地沟通，让我们学会不被情绪这个问题卡住，或者被卡住后，尽快从情绪的浪潮里浮上来。

比如，这个因为孩子考试成绩不好而责备孩子的妈妈，如果她坚持学习，努力在日常生活中保持觉察，那么一段时间之后，虽然她还会为孩子成绩不佳而生气，但很可能会控制自己不责骂孩子。之前要生一整天的气，渐渐地，她也许十分钟后就能让情绪平复下来。

如何安抚孩子的情绪

强烈的情绪会让孩子产生很大内耗

教育行业有个说法叫“初二效应”，指初二是孩子比较容易出现问题的一个时期。

有个男孩，小学成绩一直很好，喜欢阅读，妈妈对他的学习非常满意。不料到了初中后，孩子的优势渐渐减弱，到了初二时，数学和物理成绩明显下滑。孩子很纳闷：“我还是很努力在学习啊，学习方法也没有变化，为什么成绩跟以前比起来差了这么多？”

他自己很沮丧，信心备受打击，甚至开始自我怀疑。

孩子不知道，初二是个转变时期，功课量急剧增加，很容易带来适应上的困难。

他的父母也没有意识到初二的特殊性，以为是孩子的问题。他妈妈尤其焦虑，而这种焦虑促使她不断地质疑孩子的学习态度，问孩子：“你最近是不是偷偷玩游戏了？还是偷偷谈恋爱了？”孩子说没有，妈妈就说：“没有的话，你的成绩不会无缘无故地下降啊！”

孩子自己也不知道问题出在哪儿，没法解释。

在这种情况下，越沟通孩子越紧张、越不自信，成绩也越来越差。

如果父母在理性的状态下，就可以帮孩子分析，目前对于新的学科内容，孩子遇到了什么样的困难，他怎样用自己的方式去调整，或者鼓励孩子保持信心，慢慢适应。这些行为会给孩子传递这样的信息——当我们遇到困难时，可以调动智力和资源来解决问题。同时孩子也会明白，遇到困难的时候，身边有人支持他。他就会相信，困难是可以解决的。

但实际情况是，当孩子成绩下滑时，他的妈妈被击溃了，快速进入情绪通道，产生大量的焦虑。她启动的思维模式是认为一定是孩子做错了什么，成绩才会出问题。

成长原本就是不断遇到问题又不断解决问题的过程，但是家长对孩子的问题往往过于紧张。他们希望快速解决问题，所以会要求孩子不玩游戏、不谈恋爱，认为只管努力，不要娱乐，问题就解决了。

“困难=犯错”，这是家长常用的一个公式。家长的这种思维模式给孩子的感受是“我遇到问题，就等于我犯了错，我会被指责、被惩罚”。

在这样的家长面前，孩子遇到困难很难得到帮助。因此很多孩子没有练就一丁点儿和困难打交道的能力。

很多家长喜欢说“我家孩子有畏难情绪”。这话倒是说得一点儿不错。如果结合家长面对困难的态度，我们就能明白孩子为什么会畏难。而家长的处理方法往往是惩罚、责骂、羞辱、收手机、管制零钱……这不是解决问题，是在制造更大的问题——情绪问题。

高浓度的情绪状态会抑制理性思维，形成非常强的内耗。

例如，前面提到的那个高三的女孩，为什么临考前要玩游戏？因为她内心已经很焦虑、很沮丧了，这些情绪能量转化不掉，使得她产生大量的消极联想，大脑理性区域的活性被抑制。玩游戏只是她以自己的方式在获得掌控感，这是她在做自我补偿，这种方式说明她一直孤独地处在消化情绪的过程中。

如果家长明白情绪的特性，就可以帮她消化情绪，理解她、支持她、陪伴她。

而当家长抱怨她、惩罚她、远离她的时候，就是把一个比较好解决的问题逐渐变成了无法解决的麻烦。孩子会在我们认为不好的状态里待更久，因为她除了要消化自己的沮丧，还要消化从父母那里接收到的愤怒和失望。

家长或其他人需要帮她把情绪调整到一个舒服的、愉悦的状态，让她能感觉到，虽然成绩考得不够理想，但大家都能理解，明白她特别想让大家都满意，不想让家长失望。因为她太在乎家长的感受，所以这种挫败感才让她想逃离，用游戏的方式逃避。

只有这种无助被理解之后，孩子的很多情绪才会被消化，她的智力活动才会逐渐恢复，才有心力投入到学习中。

良好沟通的前提是接纳孩子的情绪

我们要想和孩子的沟通取得好成果，就一定要安抚孩子的情绪。安抚情绪的一些常见办法有：

1. 专心听孩子说，不评价。这是安抚的开始，让孩子尽情表达，很多时候表达完了，情绪就已经释放了。

要点解析：家长别说话，保持耐性。如果你忍不住，去找个朋友释放一下你的情绪能量，再回来听孩子说。

2. 孩子处在不好的情感体验中的时候，不要讲道理，因为此时理智在“休息”，你的话进不去。不要批评指责，这会增加他的消化难度和时间，让他的聪明才智“休息”更久。

要点解析：等待，保持平静。通过各种信息告诉他，有情绪是正常的，可以理解。

3. 当孩子向你表达情绪的时候，这是个非常好的信号，他的情绪释放出来了，意味着他可以回到理性状态了。接纳他的情绪，表明自己的态度——你很高兴他愿意跟你分享情绪。哪怕他朝你发火，这虽然不是一件愉快的事情，但这是一个好现象。

要点解析：就算吵架了，也不要报复孩子。当然，我们很可能做不到。你可以找其他亲友发泄一下，大家互相转化，再腾出空间来接纳孩子的情绪。

安抚情绪的关键是，当孩子出现情绪，我们要将自己的情绪管理在可控的范围内。情绪可以表达，但要管理好自己的表达尺度。比如，孩子考了70分，让你很生气，责骂、惩罚固然会适得其反，但是家长也不能一声不吭。我们可以告诉他："你考成这样，我很生气，也很失望，我现在不能好好跟你谈这件事情，等我冷静下来了，我们再来谈这件事情，到时也请你告诉我到底发生了什么，接下来，我们可以怎么做。"

或许，亲子沟通中最大的困难不是家长不能安抚孩子的情绪，而是家长不能安抚自己的情绪。当我们能恰当表达和面对自己情绪的时候，和孩子的沟通会变得容易很多。

透过行为的表象，看到孩子的成长需求

很多时候，孩子因为心智不成熟，他们的表达往往不按家长熟悉的理性套路来，因而具有很大的迷惑性，这时需要家长沉得住气，静观其变，等待真相浮现。

比如，很多人一说到青春期，就会给孩子贴上“叛逆”标签。其实，孩子不是有意和家长作对，而是在完成他这个生命阶段的成长任务。

孩子成长的每个阶段，都有属于这个阶段的发展任务：刚出生要会吸奶，1岁要学会走路，断奶了要学会吃东西，2岁之后要开始学习如厕，3岁之后要开始学习适应幼儿园的生活……

而青春期的孩子，他们需要完成的成长任务就是完成“自我同一性”。这个时期，孩子希望用自己的能力应对世界，实现自己的价值和目标，同时需要平衡内外两方面的身份定位。他对自己的期待和外界对自己的期待之间往往存在差异，而他需要确定自己要成为什么样的人，将“我是谁”与“环境认为我是谁”进行统合。

我有个朋友，能力出众，在工作上获得了很多成就，大家都觉得他是个青年才俊，前途无量。但是他很自卑，没有什么价值感。其原因不是因为他谦虚，而是他没有完成自我同一性。

后来他告诉我，他初中时喜欢历史，但是他父亲是个工程建造师，觉得学历史有什么好的，学好数理化才有出路。高中的时候，这个朋友想学文科，父亲不同意，无奈选了理科，最后成为建筑师。

虽然在行业内他已经赢得了认可，但他觉得自己的人生是在为父亲过，没有价值感，也没有存在感。

青春期的孩子会怎么完成“自我同一性”呢？他们的做法简单粗暴，就是把自己从父母的期待和要求里区分开来。区分的方式也很粗暴，就是和父母对着干。他会尽一切可能找机会自己说了算，尝试自己掌控人生的感觉，做一些父母看不惯的事情。这些行为在父母看来就显得鲁莽、任性、叛逆。

有个家庭，父母比较强势，家庭资源很好，孩子很小的时候，父母就已经为其安排好了以后的路要怎么走。如果遵从父母的规划，孩子的未来会非常顺利，结果这个孩子辍学了，在家里待着不出门。父母很疑惑，这么好的条件，孩子为什么要“作”呢？他只要听话就前途无忧了。

为什么呢？因为谁都想做自己人生的主人，不想做父母的傀儡。

一个孩子说：“我要学物理，以后做物理研究，做科学家，为我们的航天材料更新升级。”在这个过程中，如果家长给予大量的支持和帮助，孩子感觉会非常好，觉得很有力量。

如果家长对孩子说："你要成为科学家，研究航天材料，为国争光，我帮你实现。"这就和孩子自己立志完全是两回事了。

前一种情况，是孩子知道自己要做什么，成为什么样的人，他会有目标、有斗志。后一种情况，是家长想让他成为科学家。可是如果孩子想当诗人呢？这就不好调和了。

孩子的自我同一性整合过程，常常充满了火药味，在这些硝烟之下，孩子的内心正经历着挣扎和犹豫。他不是故意要让父母难受，一方面他想为自己做主，另一方面他也不想伤害父母，从而失去父母的支持和爱护。这些矛盾给孩子带来了很多复杂的感受和情绪，但是孩子自身的力量也必须从这些困难中才能磨炼出来。这也是青春期特有的矛盾性和复杂性。

我们如果了解这些莽撞、任性的行为背后，藏着孩子的努力和脆弱，我们就知道他依然需要关心，但是这个时期他还需要更多的空间和容错率。

如果父母因为害怕孩子年少无知做出一些不明智的选择，就不由分说地采取高压管制，不给孩子空间，也不允许他犯错，就可能会阻断孩子完成自我同一性的过程。这样的孩子在未来可能会表现得没有什么志向，对自己也没有什么信心，自暴自弃。

我的一位朋友给我打电话，声泪俱下地控诉儿子。孩子上高二，那天晚自习结束，她去接孩子回家，另一个同学的妈妈跟她聊天，夸她儿子好厉害，被科大英才计划选上了，以后有很大的机会可以上科大。她听了也很高兴，就问孩子这件事情，结果孩子说："哦，那个呀，我昨天跟老师说了，我不去了。"她惊呆了，问："为啥啊？"

孩子说："我想考清华，专业我都看好了，我不想上科大。"

她很生气，说："你才多大，这么大的事情，你都不跟父母商量，你知道事情的轻重吗？你知道多少人想要这个机会吗？你想考清华就能上吗？"

孩子懒得理他，开了门准备回自己房间。她伸手拉住孩子说："你现在脾气倒是大了，一句话不能说了是吧？"儿子就手一推，直接从她身边走过，去了自己房间，关上了门。

这个妈妈很崩溃地在电话里对我说："他怎么可以这样对我，我简直要气死了，也要伤心死了！我不想管他了，我都不想要他了。"

我开玩笑地说："你不要我要，如果这是我儿子，我高兴都来不及呢！孩子的成绩优秀，目标清晰坚定，在同龄人当中并不多见呢。他比很多同龄人更早确定了自己的志向，说明这个孩子可能已经完成了自我同一性的整合。"

如果孩子想成为某种人，未来想从事某个职业，哪怕我们反对，他也要去做，很可能这个孩子正处在自我同一性整合的过程中，这是需要我们给孩子空间的时候，就算引导，也需要考虑给足孩子表达的空间。往往是孩子的尝试得到父母的尊重和理解了，他也会逐渐接受父母的建议和指导。

我见过太多痛苦的家庭，家长完全搞不清楚：为什么孩子年纪轻轻的不上学，辍学在家很多年？为什么他们为孩子付出一切，孩子却在他们看不见的角落割手腕伤害自己，或者碰到一点儿小事就想着轻生？

这背后最常见的隐藏原因就是孩子想在正常范围内做自己，完成自我同一性整合的时候，被家长强力限制了。所以，他们会用尽一切办法，在非正常范围内，用非正常的手段做自己。

如何看懂孩子的情绪

之所以说和青少年沟通的关键因素是情绪，是因为家长都很懂道理，但是却不太懂孩子。

而懂孩子，就需要懂情绪——无论是我们自己的情绪还是孩子的情绪。

这个“懂”包括：

1. 情绪是什么，情绪是如何表达的。

2. 情绪怎么来的。

3. 情绪是如何在互动中发挥作用的。

家长和孩子的沟通效果不尽如人意，往往不是因为讲的道理不对，而是因为我们对情绪的理解不对。

一位妈妈曾经跟我说过一件令她吃惊的事情。

有一次，她带着上高二的儿子去朋友家做客，朋友的孩子读初三，面临着中考。两个孩子聊天，初三的孩子说自己压力很大，不知道要怎么度过这个时期。高二的孩子就安慰他说：“做好自己的目标和计划，把时间利用好，那么最后的结果大概率是会对得起你自己的。尽可能把事情做得提前一点，不要打疲劳战。”

这个妈妈听了非常惊讶，因为这些话正是她平常对儿子说的，但是儿子听她说的时候，不仅觉得她啰唆，还表现得不屑一顾。没想到，一转头儿子居然用这番话来给别的小朋友支招，她很疑惑。

从这个妈妈的描述来看，她的儿子并不反对她说的这些道理。在心里，儿子知道妈妈说的是对的。但是他依然表现得不愿意和家长合作，是因为虽然他理性上知道是对的，但是天天被碎碎念，觉得不被信任，情感上很烦，自然就表现得不愿意听从了。

你买了一件旗袍回家，穿上后在丈夫面前转悠了一圈。问：“怎么样，好看吗？”

如果丈夫说：“胸部丰满、腰肢细软的身材穿旗袍才好看，你是扁平身材，腰还粗，旗袍简直成了你身材缺点的放大镜。你减减肥再说吧。”那一刻，就算丈夫说的都对，减肥的建议看起来也是为你的健康着想，但是你听他的吗？

这种居高临下、完全不顾及对方感受的沟通，最伤感情。因为这些貌似有理的建议无一不在提示对方“你不好，你要改，你应该做得更好”。总是这样互动，情感链条容易断裂。一旦情感破裂，说得再对也没用，关系破裂就意味着合作的终止。

同事、朋友之间如此，伴侣之间如此，亲子之间也如此。

很多家长觉得，别人是别人，但如果是自己的孩子，无论怎么说，这个血缘关系都不会改变，关系也不可能破裂。在现实生活中，脱离亲子关系的当然是少数，但是孩子讨厌父母、不搭理父母，有多远走多远的，就很常见了。

如果父母常常伤害孩子的感情，让孩子长期处于无法消解的情绪当中，因为和父母互动太痛苦，孩子就会关上心门，从此离父母越来越远。

特别是孩子到了青春期，如果父母不能关注到孩子情绪感受上的需要，不能照顾孩子的尊严，还想一如既往地管制、说教，那么家里鸡飞狗跳将不可避免。

如何与孩子情绪共鸣

青春期孩子总是表现出“我已经长大了，我要自己做主”的倾向，如果我们想和孩子维护好关系，就需要先理解孩子，和孩子的情绪共鸣。

比如上节中提到的买旗袍的例子，丈夫的回应就很伤人。

如果妻子记住了这个过节，当丈夫下次跟妻子表示自己事业发展还不错的时候，妻子可能会说：“比尔·盖茨在你这个年纪已经是世界首富了，林肯在你这个年纪已经是总统了，你那点儿成绩有什么好骄傲的？咱们家还没住上别墅，我买衣服还要看吊牌价格，就你这样还算不错？你对自己的要求也太低了。”

反之，如果这位丈夫懂得女人的情绪感受，或许会对妻子说：“在我眼里，你穿什么都好看。”

一个人被理解了，会滋生出更多正面的感情和力量。虽然我们被理解的时候感觉到温暖，被支持的时候感觉到有价值，被鼓励的时候感觉到充满力量，但是我们好像很少想过要把这些给孩子，也不太相信它们的价值会超过我们跟孩子讲的那些道理。

有一部法国电影《放牛班的春天》，说的是音乐老师马修来到辅育院，面对一群被大人放弃的问题孩子，用音乐改变了孩子命运的故事。影片最后，马修独自走上小路，离开学校，他转身回望的瞬间，看见满天飞着纸飞机，孩子们天籁般的歌声响起。无数看过这部电影的人，都被这个场景感动，潸然泪下。

一群难以管教的孩子在严厉、残忍的惩罚管理下，变得富有攻击性，缺乏规则和善意。但是马修带来音乐和他的善良，用尊重、宽容、理解打开了孩子的心门，净化了孩子的心灵。他没有说过了不起的大道理，但是孩子变得越来越可爱可亲了。

孩子会以非常大的努力和诚意回报那些让他感觉到关怀和温暖的人。就像剧中的皮埃尔，后来成了著名的音乐指挥家。前面我们讲过的那个偷偷拿钱买泡泡糖的小姑娘，她的老师理解了她，后来小姑娘自己也成了一位老师，她特别希望把当初那份温暖和感动传递给自己的学生。

在成人面前，孩子是弱小的存在。有些家长会忘记孩子也需要尊重和理解；有些父母记得，但不知道该怎么做；还有些家长担心尊重和理解是对孩子的纵容，会让孩子滑入堕落的深渊。无论是哪种情况，都意味着孩子要得到成人的理解并不容易。

经常有女孩跟我说："老师，我给你推荐一部言情小说。"小说里面会有一些两性亲密的场景，她们都会看。她们也会告诉我，自己对哪个男生比较心动，上体育课的时候坐在看台上看其他班的小帅哥打篮球，如何如痴如醉。

如果我们对这个年龄的孩子身心发展状态比较了解，就不会大惊小怪。我们可以跟孩子聊聊，比如，喜欢一个男孩，喜欢他什么呢？喜欢他的长相吗？喜欢他的成绩吗？还是喜欢他的性格？为什么喜欢这种性格呢？这样聊下去，你就能看到异常丰富的青春期世界。

有位妈妈说：“我不是不想听，但是我一听到孩子说，我就急、我就怕、我就担心，我就很想给他想办法，纠正他这些不成熟、不正确的想法。我怕我认真听，孩子会觉得我是认同的，所以我需要打断他，表达我的态度。”

倾听是一种邀请，是让渡空间；诉说是一种吞噬，是侵占空间。不停说教的人会带给别人窒息感，就是因为他让渡的空间太小了。

很多家长很难“专注地听孩子说”，因为孩子说的时候，也许是把一件无法解决的事情告诉了我们，顺带还把他自己面对这件事情无法解决的情绪一起传递给了我们。有些家长的内在满是焦虑、紧张，连自己的情绪都无法消化，更别说帮孩子消化这些情绪了。

青春期的孩子非常情绪化，可能考试没考好会伤心，听到朋友在背后说自己坏话会生气，和闺密闹矛盾了会失眠，自己暗恋的女生喜欢上了别人也会难过很久。他自己可能并没有学会正确处理情绪的方式，所以就困在情绪当中，觉得自己不好、不优秀、被人针对、不可爱、不讨人喜欢。

帮孩子消化情绪，就相当于我们把自己当作一个容器，在孩子有情绪装不下、消化不掉的时候，帮孩子把这些情绪接过来装下、消化掉。这就相当于孩子有了一个“外挂”，一个用来处理情绪的“外挂”。

比如，前面案例中，在初二遇到适应困难，成绩下滑的孩子，妈妈的指责和怀疑让孩子的消极、沮丧雪上加霜。

但是如果妈妈的反应是“成绩下滑了，你难过，我理解，我也不知道我能做什么，但是我会陪着你，你需要的时候，妈妈就在这里”，或者“你对自己的成绩很失望，但是妈妈看到，你一直在努力”。有了妈妈的接纳，孩子可能很快就能回到之前的学习状态，不再受成绩下滑的影响。

当孩子不需要为自己的状态感觉羞耻，不需要隐藏自己的情绪感觉，可以坦然表达的时候，他的情绪就逐渐被转化，而内在的力量也会油然而生。

与孩子情绪共鸣的三个步骤：

1. 收集信息，抚慰情绪。避免评判，以好奇的状态询问孩子："你遇到了什么事情？我很在乎你的感受，我想知道发生了什么。"

2. 询问孩子的感受。对孩子说："这件事情引起了你什么样的情绪感受？"孩子一般会描述自己的情绪感受，例如，气死我了、不公平、难受死了、憋屈死了等。理解孩子遇到什么样的事情有怎样的情绪，有利于帮助孩子消化情绪。你可以用孩子自己的词汇来回应他："我知道你感觉到冤枉，觉得气愤。"认可孩子的情绪，给予理解——深层的、真诚的理解。

3. 引导孩子拓宽思路，寻找解决问题的办法。比如，前面例子中那位老师处理孩子悄悄拿家里的钱买糖的事情，她向孩子传达的信息是"我知道你是个好孩子，你以后想买零食，我给你钱，好不好"。

很多时候，当情绪消化完，事情其实就已经解决了。如果情绪处理好了，即使问题还没有解决，那么进入解决问题的环节也会变得更简单、更容易。

4

沟通中致命的矛盾信息

沟通的信息传达存在两条线：一条是我们可以意识到的理智线，另一条是比较隐晦、大部分人意识不到的感受线。在大脑的分工中，理智在意识区域，而情绪感受在潜意识区域。这两个区域彼此独立运转，以各自的方式干活，而且常常唱反调。

很多家长说，为了孩子能学习好，为了他能发展得更好，我已经尝试过各种沟通方式和技巧，但都不能获得好的结果。实在是孩子无可救药，不是我有问题。

大家理所应当地觉得，父母做的一切都是为了孩子好，那么父母肯定不会对孩子施加不好的影响。很少有家长会将孩子不如人意的现状和自己联系起来。

为什么我们明明很努力去沟通、去影响孩子，却经常得到完全相反的结果呢？

因为人们总是只从表象上做调整，更换沟通内容，却很少质疑沟通方式本身存在的问题。

理智和情感经常唱反调

爱吃零食的孩子

一位妈妈苦恼于孩子的饮食习惯。她儿子10岁了，身高1.60米，体重达到了75公斤，被同学戏称为“肥墩”。这位母亲对孩子的身材也非常不满意。她想控制孩子，让他不要吃太多甜品，但是很难做到。

她讲了一个例子来说明自己的难处。

六一儿童节，孩子班上组织活动，孩子希望带零食去学校。妈妈同意了，去超市采购了很多饼干、薯片，还有一些饮料。之后，孩子又提出去蛋糕店买甜点。

妈妈很不满意，觉得孩子这个要求很无理。她对孩子说：“零食买得够多了，所以今天不买甜食了。”

儿子说："不行，我就要买蛋糕，今天就要。"

妈妈说："你吃太多甜食对健康不利，所以我们不要买了。"

儿子说："不行，今天必须买。要不我就不回家了。"

妈妈拗不过儿子，只好带孩子去了蛋糕店。孩子拿了一堆甜腻的糕点。妈妈生气地说："不要吃这么多甜食。"于是孩子发脾气、耍无赖，一定要买。

最后讨价还价的结果是，买了4个蛋糕。

妈妈对我说这件事的时候依旧很愤怒，觉得这个孩子怎么这么无理取闹，而且永远不知道满足。满足了他一个要求，他还有更多的要求等着被满足。她和孩子之间一直维持着这样的互动，她很崩溃，不知道怎么办。

语言与情感，两种相互矛盾的信息

现在，我们退一步，看看这种沟通方式在妈妈和孩子之间互相传递了怎样的信息内容。

妈妈不想让孩子吃甜品，想帮他培养一个好的饮食习惯，孩子买了一堆零食却还要去买甜品，对此她很愤怒，也觉得这个要求很无理。此处妈妈要传递的信息是"我很理解你的想法，但是我不同意"。

可是孩子没有接收到这个明确拒绝的信息，而结果是讨价还价后妈妈同意买甜品了。

将这里的沟通信息拆解一下，我们会看到“语言”与“情感”两个不同层次的内容。在道理上，妈妈在说服孩子不要吃甜食，但在情感上，妈妈没有能力拒绝。这是一对矛盾信息。

而孩子接收到的往往不是我们字面上的、道理上的信息，而是情感层面的信息。于是他知道，家长其实拒绝不了他。

从孩子的信息接收途径来看，他对我们表达的字面内容没有那么敏感，但是对于我们没有说出口的情感情绪十分敏锐。因此，孩子很快就会听懂我们真正的意愿，知道母亲吃哪一套。

在买蛋糕的时候，同样的情形再次出现。孩子威胁，妈妈就妥协；孩子坚持，妈妈就让步。全程都是孩子做主。

孩子为什么用无理取闹跟妈妈沟通？因为这种沟通方式能有效达成目的。所以妈妈被孩子气得火冒三丈也就不足为奇了。

如何统一信息

通过这个例子，当我们把沟通拆成“语言”（明线）与“情感”（暗线）两条线路时，我们就会清楚地看到，为什么我们与孩子沟通时做了很多努力，但是结果却和我们的愿望背道而驰。

因为我们虽然在言语上反对孩子，却在情感上支持孩子。

从理智层面来说，妈妈知道孩子要少吃甜食，以免肥胖给孩子的健康带来隐患，但是情感层面却很难拒绝孩子的要求。

后来我问这个妈妈：“为什么不能干脆地拒绝孩子，跟孩子说不行？”

妈妈说：“想拒绝孩子的时候，又觉得这也不是多大的事情，满足他又怎么样？而且，每次拒绝，都想到孩子肯定会受伤，很可怜，就觉得自己好残忍。”

如果家长觉得只要拒绝孩子，孩子就会受伤，那在拒绝孩子这件事情上，父母就很难有力量去约束孩子。哪怕是不好的行为，我们也很难制止。孩子的一些不良行为就会因为缺乏应有的约束而被鼓励。

孩子的无理取闹对妈妈很有效，孩子就会一直用这种方式和妈妈互动。妈妈没有办法拒绝孩子，所以只能满足孩子。坏习惯就是这样被养成的。如果这种沟通方式一直保留，这个孩子的问题就会一直存在。

在吃甜品这件事情上，妈妈要么由着孩子吃，要么坚持自己的想法，哪怕孩子无理取闹，依然坚持自己的想法——我不允许。

家长可以选择一个自己更容易做到的方案去尝试。

这样的情况下，孩子因为没有被一对矛盾信息卡住，他自己就会更灵活，也能更好地动用自己的调节能力。

矛盾信息的破坏力

沟通的信息传达存在两条线。一条是我们可以意识到的理智线，另一条是比较隐晦、大部分家长意识不到的情感线。在大脑的分工中，理智在意识区域，而情绪感受在潜意识区域。这两个区域彼此独立运转，以各自的方式干活。

理智遵守现实原则，尊重社会规范和主流价值标准；情绪感受遵守追求快乐、逃避痛苦的本能原则。这两条线经常唱反调。比如：为了成就，我应该早起读书学习，这是理智关注的现实原则；但是情绪感受的本能原则却是早起好痛苦啊，我感觉好冷、好困，只想继续睡觉。

我们在沟通中需要注意的就是使这两条线保持一致。

当家长想帮助孩子解决一个问题，或者帮孩子养成一个好习惯时，我们不仅需要用语言传递出这个信息，还需要在情感层面不做与此相反的事情，才能帮助孩子。

如果我们在理智层面和情感层面传递出不同的信息，这两个方面的信息都会对孩子起作用，孩子会无所适从，形成冲突。

就像如果我们希望孩子向北出发，那么当他向北行进的时候，家长就不要假想北边道路上是不是荆棘丛生、豺狼虎豹遍地。因为一旦家长产生这样的想法，当孩子往北走时，我们一定会又害怕又心疼，会用一些自己都没意识到的途径传递信号给孩子，让他不要往北走。

努力的父亲与懒惰的孩子

这种理智与情感相背离、内外矛盾的情况，不仅体现在日常生活中，更明显体现在家长对孩子学习的督促上。

很多父母都希望孩子勤奋好学，用“头悬梁，锥刺股”的精神，博得前程似锦的未来。

有一位父亲，自己多年创业，颇为辛苦，却也小有成就。为了让孩子像自己一样刻苦拼搏，就刻意培养孩子吃苦耐劳的学习精神。

他给孩子制订了每天的作息时间，安排了各种兴趣课，时间精确到分钟。他认为：孩子不能和同学出去玩，那是浪费时间；不能玩游戏，那是玩物丧志；不能有零花钱，怕钱来得太容易孩子就不想努力了。

看了这位父亲给孩子定的作息表，我心里不由感慨，这是多么难以坚持的计划！我一天也坚持不下来。

这位父亲还一直注意培养孩子抗挫折的能力。为此，他很少表扬孩子，怕孩子骄傲退步。他也经常拿孩子跟名人或者别的出色的孩子比较，以激起他的斗志。

孩子后来抑郁了，每天昏昏欲睡，干什么都提不起精神，成绩每况愈下，最后干脆不学了。

这位父亲不能接受，觉得孩子就是偷懒，就是不想学，抑郁只是借口。

父亲来找我咨询的原因，是因为他不能接受现状：自己这么多年苦心孤诣，为什么一点儿收获都没有？自己这么兢兢业业，不敢有丝毫懈怠，怎么养出了这么一个懒惰不上进的儿子呢？他怎么也想不明白。

正向行为与负向刺激

我们来看看这个爸爸的“沟通线路”是怎么运行的，为什么指向了一个截然相反的结果。

在理智层面，爸爸希望孩子刻苦上进、发展顺利。而他的行为表达则是帮孩子制订一个十分严苛的时间计划表，对待孩子的方式以打压为主。

从行为心理学的角度来看，这位父亲是把正向行为和负性情绪捆绑在一起了。这样捆绑会出现什么样的结果呢？

我们只要把一个行为同一种痛苦的情绪感觉捆绑在一起，这个行为就会逐渐消退。因为人的本能不会做让自己痛苦、害怕的事情。

想要孩子讨厌他平常很喜欢的一个小动物，只要在他亲近这个小动物的时候加入一种负向的刺激就行了。同样，在孩子学习这件事情上，只要捆绑上一种负性情感，那么孩子学习的动力就会逐渐消退。

而家长对孩子学习的干预，往往都是在孩子的学习行为上施加负向刺激。

就像这个爸爸，一边希望孩子努力学习，一边把学习变成痛苦的事情。那么孩子提取信息的时候，就会一边提取学习的意愿，同时提取到一种痛苦的感受，于是学习动力就逐渐消退。

那么问题来了——为什么家长的初衷是要帮助孩子，但付诸的行动却是给孩子增加负担呢？

我们从心里动力的角度看，就能找到答案。

送给孩子的礼物

爸爸为什么会以这种“让孩子吃苦”的方式来训练孩子的学

习能力呢？因为爸爸内心预先有一个信念：学习就是吃苦，而孩子是肯定不愿意吃这种苦的，所以才需要训练。

这个信念很重要，它直接关系到爸爸对孩子的态度与方法。为什么爸爸会觉得学习就是吃苦，孩子在学习上肯定会偷懒呢？这得从爸爸的成长经历说起。

这位父亲从小家境贫苦，全靠自己努力，才从农村到了城市。在无依无靠的谋生历程中，他工作辛苦，收入微薄，再脏再累的活儿都做过。他所有的成长，都是以吃苦为代价换来的。

这样的经历，让他坚信“吃苦”是成长的唯一途径，同时也让他对自己的痛苦记忆深刻，内心对吃苦十分抗拒，但是又不得不坚持吃苦。

所以他觉得孩子必须吃苦，但孩子也怕吃苦、不学习。因此唯有强力压制，严加管教。

父亲的这些信念与行为，让孩子接收到的信息是“我爸觉得我不行，在我爸心中，我就是一个吃不了苦、会偷懒、不努力的孩子”。这个结果是互动出来的。

其实是谁怕吃苦？是这位父亲，他自己怕吃苦！

虽然这位父亲后来在现实层面取得了不错的成就，这些成就看起来已经把那些迫不得已吃苦的日子变成荣耀，但这只是意识层面的认知。而在这位父亲的潜意识里，积压了大量不得已的委屈和无奈，还有对自己父母的失望——如果他的父母能够像自己一样有成就，能给孩子创造更好的家庭环境，那么，他的童年、他的成长经历里，就不需要吃那么多苦，受那么多委屈。

这位父亲已经成年，小有成就，也有了自己的孩子，但他的心底深处始终有一个遗憾：一个小孩子应该是可以偷懒的，不用承担那么多。

说到底，这位父亲是想把自己儿时想要的却没有得到的生活，送给孩子。

找到事与愿违的根源

这位爸爸和孩子之间的互动信息拆解一下是这样的：在理智层面，爸爸希望孩子可以吃苦上进，希望孩子能学好，这是理性的运作逻辑，符合社会期待；但在情感层面，当孩子学习的时候，爸爸感觉孩子在吃苦。

而吃苦对于爸爸来说，是一种被逼无奈、没有后路的选择。所以其实他的潜意识就会将孩子引到不学习的方向去，让自己的孩子成为一个可以舒适成长、有父母庇佑的孩子。

因此在现实中，这位父亲为了孩子的事情忙前忙后，做好所有安排，孩子什么也不用想。而他给孩子做的计划几乎没有人能做到，所以孩子顺理成章地不做了。这些正好满足了爸爸的潜意识。这是他当年在孩童时期留下的遗憾，所以他用行为逼退了孩子想做事情的愿望。但他自己完全意识不到。

爸爸想给孩子提供不用吃苦的生活，这个结果是爸爸的情感层面想要的。但是在理智层面，他又希望孩子获得成就。

孩子接收到的信息始终是冲突的。

在一对冲突的信息下，孩子左右为难，所以孩子会出问题。因为孩子很难消化来自父母的强烈的情绪感受。

一方面，孩子接受父母说的道理，这些大部分和社会文化的要求是契合的，是大家公认的；另一方面，孩子又被家长的情感链条锁住，需要优先照顾、满足家长的情绪感受。

这矛盾的两面孩子都得接受。这种冲突孩子自己消化不了，他只能生病。毕竟他只是一个小人儿，不是超人。

在这对父子的互动中，父亲想休息、偷懒的愿望是如何被孩子接收到的呢？

其实对一个孩子来说，学习是一件自然而然的事，因为成长本身就是学习的过程。只要不是被压迫的，孩子一开始并不会觉得学习苦。

但学习的过程免不了挫折。每当遇到一点儿问题，父亲的焦虑就显现出来了，觉得“我的孩子会退缩，可能坚持不下去，需要我来逼迫他，要不然他肯定会放弃”。

在父亲的意识里，他认为自己在用行动帮助孩子对抗挫折，而他的潜意识则认为孩子的能力如此微小，一点儿小挫折就会打败孩子，孩子只适合没有挫折的舒适生活。这些潜意识里的信息会反复传递给孩子——你不可能完成学习任务，你吃不了这种苦，你是个退缩的、偷懒的人。

这种信息的传递如此强烈而持久，即使孩子曾经做得不错，有能力、有信心，也经不起父亲长期执拗的催眠。最后，孩子把父亲的想法变成现实，他很容易把困难想得特别难以克服，觉得自己的能力特别差。

这样的互动模式，家长如果始终不自知，孩子就无从觉察，也无从反抗。很多孩子在这种操作下，完全丧失了信心，也丧失了面对世界的勇气。

管不住情绪就管不住事情

妈妈记忆里的原始编码

很多家长在管孩子学习的时候，容易情绪冲动：孩子写作业慢，急得破口大骂；辅导孩子写作业，气得暴跳如雷；孩子成绩差，觉得全家的脸都被丢光了。

我的一位咨询者说，她以前觉得自己是个脾气很好的人，凡事都会为别人着想，不想给别人添麻烦。但不知道为什么，在面对女儿的时候，她就特别容易生气，好像变了个人一样。

早上，孩子起床去卫生间刷牙，站在盥洗盆前拿妈妈的发箍套在头上，妈妈一见，心里就非常烦躁，催促说："你快点儿，要不然又要迟到了。"但孩子好像没有听到，继续戴着发箍，比画着各种动作，自娱自乐。

妈妈看到孩子的模样，瞬间就涌起了无尽的委屈，觉得自己付出太多，照顾孩子对她来说真是一种拖累。她冲孩子发火，说道："我在等着你刷牙，还要吃饭，一会儿还要送你上幼儿园，你就不能配合些？我这么忙，这么辛苦照顾你，你怎么就不能照顾一下我呢？感觉故意跟我作对一样。别人养孩子很轻松，为什么我养个孩子这么累？经常累到不想管。"

这位妈妈说："我也想好好陪女儿玩，对她温柔，好好给她讲故事。但我就是做不到。我一看她不听我的，我就不耐烦，就不想跟她在一起，宁愿去工作也不想在家里陪她。我这个样子越来越像我妈了，我小时候感觉我妈一直把我当累赘，她和我爸离婚之后，我很长时间都担心我妈会不会像我爸那样，也抛弃我。"

孩子是妈妈的累赘，照顾孩子是一件让妈妈感觉很不耐烦的、很想躲避的事情，这是这位妈妈对"照顾孩子"这件事情的原始编码。而这个潜意识中的定义所产生的反应，正在影响她现在的生活。

孩子当下的真实状态

后来，这位妈妈问孩子："你把妈妈的发箍套在头上干吗？”孩子说：“孙悟空有紧箍咒，我也有，我长大要像孙悟空一样厉害，要是有妖怪欺负妈妈，我可以保护你。”妈妈当时就愣了。

我们产生情绪的时候，面前活生生的孩子就会被忽视、被误会。

就像前面那位望子成龙的爸爸，他让孩子按照一个难以实现的作息表去生活，结果孩子抑郁了，但这位父亲会自己合理化这件事情，觉得自己是为孩子好。一旦家长这么想，就会忽视孩子达不到这个标准的事实，而只看到让自己生气的理由——孩子不听话、不上进。

因此，在与孩子的互动中，这位父亲要么在发怒，要么就在发怒的路上。他仅仅是为难孩子吗？不是，他在为难自己，他是通过孩子让自己持续地发泄情绪。

很多时候，孩子遇到问题时，确实需要人帮助，确实需要仰仗一个比自己高明、能给自己指引的人。可是父母如果表现得比孩子还无助、愤怒，孩子就会认为父母是指望不上的。

生病是孩子唯一的选项

自残的少年

一个孩子来到我的咨询室。

男孩，15岁，逃学，自残。他用美工刀在自己胳膊上、腿上划了很多口子。我看着那些伤口，深深浅浅，新伤摞旧伤，触目惊心。

他说："我还会用中性笔的尖头戳大腿。"

孩子垂着头，声音很小，语气里没有悲喜，好像在说一件别人的事情。

他妈妈每每说起孩子的现状都泣不成声，觉得自己快要撑不住了。因为孩子的问题，这位妈妈年纪轻轻就白了一半的头发，天天以泪洗面。

亲子关系剑拔弩张。孩子早就放弃了沟通，大人怎么说都行，随便。家长感觉一团力气打在棉花上，气愤之下，言语越来越尖酸刻薄。

孩子说："我爸几乎没有耐心听我说任何话，只管自己长篇大论。我成绩不好，他觉得丢尽了脸面。感觉他看着我，就像看着一团垃圾，我现在一听他说话就烦。"

这个孩子在情感世界里四处吃闭门羹，觉得没有人能够理解他，全世界都是他的敌人，他割腕就是一种发泄情绪的方式。

这个世界，没有一扇可以为他打开的门。

孩子告诉我一件往事。五年级时，一次班会上，班主任让大家提一些对学校、班级有益的建议。他说："早上7点的早读课太早了，很多同学都在睡觉，甚至看早读的老师也在打瞌睡。推迟半小时，效果更好。"

他的班主任老师带着讥讽的笑意回他："你想睡你就睡，不要影响别人学习。自己不进步还让大家陪着你一起偷懒，这种建议只有你这类学生想得出来。"

在咨询室里，孩子很无奈地说："就因为我成绩不好，所以我提的建议明明是大家都想反映的情况，却被老师嘲笑。我妈说得对，成绩不好就会遭受歧视。我好朋友的生日聚会没有请我，因为朋友成绩好，他妈妈觉得他跟我关系好是不思进取的表现，很担心他被我带坏。成绩不好是传染病吗？因为成绩差，连参加好朋友的生日聚会的资格都没有？"

他现在感兴趣的事情只有打游戏，在游戏里认识了一个女孩，现在还喜欢跟她聊天。父母对他的颓废表现出极度的烦躁和厌恶，但是让父母更崩溃的是，只能眼睁睁地看着他这样颓废，话也不敢说，因为不知道要怎么和孩子沟通。

他妈妈现在总期待奇迹发生，第二天早上起来，孩子就好了，愿意上学了，不在家里一天到晚玩游戏了。她说："我感觉我自己也病了，承受不住了。"

孩子为什么生病

家里的人都没有意识到，这个孩子所有沟通的路径都被堵死了，他很愤怒、很痛苦，但这些情感没有人明白，也无法表达，孩子只能放在心里自行消化，而这些情绪过于强烈，剂量太大了，他消化不了。孩子自我情绪调整的能力崩溃了、瘫痪了，只能任由这些情绪像脱缰的野马在内心奔腾，一点儿办法也没有。

而父母依旧用高要求、用失望、用鄙夷来对待孩子，他心里的内在小孩就住在失望和愤怒里面。

在讲到情绪的时候，我们说过，喜悦是进步的力量，也是成长的源动力。但这个孩子几乎没有喜悦的体验。所以他伤害自己，生病了。

孩子为什么会生病？对于他来说，生病是为自己争取到的喘息的机会。他想让父母看看他这个人，关心一下他，而不是只盯着学习成绩。这是孩子在变相请求父母改变和自己互动的方式。

也许只有到了这种极端的情况，父母才不得不降低期待，暂时忘记对孩子的要求，去关心孩子本身。

不敢痊愈

我与孩子的咨询工作进行了一段时间后，孩子对我说："老师，我知道，其实我学习还是有实力的。而且，现在我有点儿想回去学习了。但是我怕我考不好，他们又像以前那样对我。

"我爸妈以前真的很过分。我要买衣服，因为我最近个子长得比较快，我妈就说等考好了再给我买好的。可是我现在就需要啊！我妈说，那也得等等。

"只有我成绩好的时候，我爸才会笑，才会高兴，要不然他就成天阴沉着脸。他不高兴的时候，我妈就不高兴，我妈就会给我脸色看，说我是全家的指望，家人把希望都放在我身上，我要保持住自己的成绩，不能让家人失望。

"从我崩溃、生病后，我爸变了，向我认错，说他做了错事，不该那么对我。他对我的成绩没有要求了，只希望我开开心心的，我要什么也答应，还经常陪我一起出去玩。

"但是我怕，如果我开始学习，我爸妈摇身一变，又变回以前的样子。我不想过以前的生活了。我现在想学习，但是我不敢，我怕生活变回以前的样子。”

亲子互动模式决定孩子的状态

我们和孩子互动的长期结果，是由什么决定的？表面上看是由我们与孩子交流的方式决定的，其实是由我们内心的一些概念、一些对事物的基本定义决定的。

如果我们内心对学习的定义是愉悦的、开心的，与之相联系的是成就感，那么我们所采取的反应就是积极主动地想去做。在这种基本定义下，我们对孩子的学习状态就不会那么焦虑，因为相信孩子会有愉悦感，会自己主动学习。当孩子学习出现问题时，我们也能理性、客观地帮他一起分析原因，和他一起找到解决途径。

反之，如果家长对学习的定义是痛苦的、身不由己的、需要被逼迫的，与之相联系的是挫败感，那么一想到学习，本能反应就是反抗。而当孩子在学习上遇到困难时，家长就很容易将自己的感受代入，觉得孩子就是懒、不爱学习、主动性不强。

每个家长都觉得很了解自己的孩子，觉得自己对孩子的评价是非常公正、客观的，对事情的判断都是基于看到的事实。

然而实际情况往往是反过来的。家长往往是在毫不自知的情况下，把自己心里的定义或概念全部套在孩子身上，然后通过这个滤镜去看孩子，越看越觉得孩子像自己以为的样子。

孩子对父母有天然的信任感。每个生命在最初都会无条件地相信父母说的话，但是随着时间的推移，孩子的认知能力也在成长，孩子会更相信父母的行为，因为行为才能更真实地传达内心信息。

在孩子面前，家长可能懂很多道理，说了很多道理，但实际上不是这些道理，而是家长的行为，以及行为中所传递的家长内心的理念形成了孩子与我们互动的经验和经历。

在很多时候，我们自身的成长经历、记忆中，藏着大量的情绪感受，它们经常在不经意间抢走我们大脑的指挥权，用更直接的方式去寻求表达。而它们的表达往往不是为了孩子，而是为了被我们自身深深压抑的原始情感的自我满足或者补偿，跟孩子的现实需求没有半点关系。

而孩子的状态，就是在不知不觉间，被日复一日的亲子互动模式塑造成型的。

5

沟通效果如何被潜意识破坏

潜意识对人的影响，就如同黑暗森林里的魔法，只能在未被发现的时候发挥作用。如果你想改写命运，那么，去尽量多地觉察你的潜意识吧。一旦潜意识里的某个概念被你觉察（心理学称之为潜意识意识化），它就失去了暗中影响你的魔力。

在上一章，我们分别呈现了沟通中互为表里的两个链条：一个是理智的链条，另一个是情感的链条。这两个链条各自运行，理智是明线，我们能意识到，而感情是暗线，我们经常意识不到。实际上，感情这条线在悄悄地帮家长表达诉求，实现家长一些被压抑的愿望。

家长与孩子在沟通中出现的问题，经常都是理智上家长想要一个好的结果，希望孩子能表现出更好的状态，但是感情层面却传递给孩子截然相反的信息。所以孩子痛苦，父母也痛苦，整个家庭陷入一种巨大的无力感中，很多人在这时候就会把这些困难归咎于命运，觉得命运对自己不公。从这个角度来说，潜意识就是我们说的命运。藏在潜意识里的对各种各样的人和事的概念与定义，家长因为这些隐藏的概念所采取的行为，以及这些行为所带来的孩子的反应……这个反应链，一步步造就了我们的命运。

命运往往藏在我们如何被养大的方式当中。

心理学中有一个“强迫性重复”理论，就是说我们努力挣扎想要过和上一辈不同的生活，但是却不知不觉地把自己的创伤传递下去，让孩子变成和我们一样受伤的人。

但是潜意识对人的影响，就如同黑暗森林里的魔法，只能在未被发现的时候发挥作用。如果你想改写命运，那么，去尽量多地觉察你的潜意识吧。一旦潜意识里的某个概念被你觉察（心理学称之为潜意识意识化），它就失去了暗中影响你的魔力。

建议明明是对的，孩子为什么不听

妈妈的恐惧

我的一位来访者说，她用了很多方法教儿子学数学。各种打比方、画图、画表，但是一点儿用都没有。她帮儿子整理错题，制订学习计划，儿子也总是心不在焉，频频出错，气得她拍桌子。更气人的是，她这么努力想帮孩子把数学学好，结果孩子后来在学校连数学课都不听了，上课跟人聊天、传纸条、看课外书，害得她经常被老师在微信群里点名，还被老师多次请到了办公室。

我和这位妈妈讨论了这个过程中她自己的心理状态——当孩子数学不好的时候，她在想什么？

她说自己在担心，孩子数学学不好，上不了好的大学，以后没出息、没用。

我问："没用会怎么样？"

妈妈回答说："那就没人喜欢，没人要，会被抛弃。"

原来在这位妈妈心里，一个孩子如果成绩不好，就是没用，就不会被喜欢。

所以在她的潜意识里有一个定义，"喜欢=有用"。

沿着这条线索往下追踪，这位来访者回忆起很多小时候被妈妈要求干活的场景。她感觉妈妈之所以喜欢她，是因为她比姐姐和弟弟更会干活，能帮妈妈，更有用。

在她的印象中，小时候总是在帮妈妈做"有用"的事情，大冬天洗衣服，大夏天干农活，平常给家里做饭……似乎只有把事情做好了，妈妈才会对她态度温和。要是活干不好，妈妈就说她没用，没有好脸色，做错了就挨骂，有时还挨打。

她说："从我记事起，每年过年，家里的碗都是我洗，我爸妈和我姐、我弟都坐在电暖桶里看电视。我记得9岁那年的除夕夜，我一边洗碗一边哭。我在想，为什么只有我不被他们喜欢。为什么姐姐和弟弟都是家里的孩子，他们不用做什么，我妈就会喜欢他们，而我却要付出这么多。所以我一直哭，哭完我就去睡了，感觉自己被排斥，家里没有自己的位置。"

成为母亲后，她很害怕孩子成为一个没用的人，孩子数学不好，她很担心。被数学老师叫到学校去，她觉得很丢脸，也很生气，对数学老师满肚子抱怨，觉得老师太强势了。她陪孩子写检讨，觉得自己也做错了，被人挑剔，感觉很不舒服。这种感觉就像当年妈妈给她的感觉。

我问她："你会跟孩子分享你的感觉吗？"

她说："会呀，我们一起写过检讨，我认为老师这种惩罚的方式其实对教学是不利的。但是我也跟孩子解释了，每个老师都不同，他自己要学会适应不同老师的教学方法。"

我问："你觉得孩子知不知道你很反感数学老师的做法？"

她说："我觉得孩子是知道的，知道我很讨厌数学老师，觉得她没本事，就喜欢搞惩罚那一套逼孩子。"

我问："在目前这样的情况下，如果孩子很听数学老师的话，你感觉怎样？"

她愣了，犹豫了一下，说："那我可能会更担心。"说完，自己就笑了。

我说："好像你很愿意看到孩子去对抗一个强势的人，哪怕她是孩子的老师。"

随着交谈的深入，这个妈妈逐渐开启了一些以前被自己压抑的感觉。当年，很多时候她都很想和她的妈妈对着干。有些家务事她根本就做不好，也不想做，但是她不得不做。这些委屈、愤怒和想反抗的念头一起，被掩藏在潜意识里，她没有办法表达这些愤怒和委屈，所以就无意识地鼓励孩子和一个很像她妈妈的数学老师对着干。

她把自己那些战斗的欲望、反抗的想法放在孩子身上去实现，而孩子也真的这么做了。

孩子听到的，不是家长的语言，而是家长的潜意识

又一个关键的问题来了。

即使是很专业的咨询师，也需要和来访者做深入的咨询探讨，才能知道这些潜意识的表达。那么，这些埋藏得如此隐秘的潜意识信息又是如何被孩子接收到的呢？孩子怎么就跟老师对着干起来了呢？这听上去像天方夜谭。

来看看这个案例中，孩子是如何巧妙地满足了妈妈潜意识中的情感需求的。

事实上是妈妈把学习数学变成了一件很痛苦的事情。

其实一开始孩子数学成绩不错，但妈妈总担心孩子学不好，以后没用，每当她想帮助孩子的时候，这种担心就会让妈妈很生气、很激动。这完全是情绪的表达。对孩子来说，学习数学和妈

妈那张苦大仇深的脸联系在一起，对于数学的感觉就是痛苦。因此，妈妈主观上想帮助孩子的行为，客观上成功地激起了孩子的反感和战斗逃跑反应，从而让孩子讨厌数学。

这种沟通的方式在行为心理学上有个术语，叫负性刺激。对孩子来说，数学和痛苦捆绑在一起，引起了抗拒的反应。

这里面还有一个潜在的传承，即孩子对数学的态度就如同妈妈当年面对那些讨厌的家务事一样，抗拒，却不得不做。

从心理动力学的角度来说，家长对待孩子的方式就是强迫性重复，如前面所说，我们会用和自己父母相同的方式来对待自己的孩子，哪怕觉得这种方式不好，但还是忍不住会去用它。

妈妈把自己对强势人物的不满和反抗意愿，转移到了孩子身上。

对数学老师的反感，是从妈妈某次参加家长会开始的。那天，妈妈迟到了，数学老师说："家长要自己管理好自己，严于律己，否则你很难管教好孩子。"妈妈觉得数学老师说话很苛刻，让她很反感。

虽然那时孩子数学成绩还不错，但偶尔也有考得不好的时候。孩子考得不好时，这个妈妈表示很理解，理由是"我觉得数学老师的教学方法很死板，孩子可能也不太适应这种教学方式，所以他天天跟这个老师唱反调"。

她问孩子："是不是你们数学老师太严厉了，所以你不喜欢？"还安慰孩子说："作为学生，你会遇到好的老师，也会遇到不好的老师，你不能总想着反抗老师，要学会适应。"

妈妈的这些反应，就是把孩子数学成绩不好的原因引到数学老师身上，诱导孩子讨厌、对抗数学老师。孩子自己根本没有说过数学老师严厉、讨厌，这个说法一开始就是妈妈提出来的。

因为妈妈这么想，所以她对这种因为对抗老师带来的成绩不好的结果也表示了谅解。

于是在这个问题上，妈妈潜意识里的愿望都实现了。一个孩子可以去反抗一个强迫他的人，一个无用的孩子也应该被爱。这些都是她送给儿时自己的礼物。

咨询一段时间后，经过充分讨论，这位妈妈不再需要通过孩子去表达自己的反抗意愿，这个孩子的数学成绩也越来越好。

这就是潜意识的影响力。

这个妈妈后来感慨，要是没有做咨询，没有看到自己潜意识里的意愿，那儿子的数学成绩是不是会越来越差，而他也将成为妈妈心目中没有用的人？

我说："我也不知道，但是很有可能。因为你的心里一直渴望你的妈妈能爱你，在不需要你有用的情况下爱你。一直以来，你都在努力实现这个愿望。如果它不被看到，这个愿望的影响就会始终存在于你和孩子之间。”

不只这个妈妈，其实每个人都一样。被压抑的潜意识愿望会牵引着我们生活中的很多事情，但是大多数情况下，我们不知道潜意识在干什么，只觉得现实中的事情不受我们的理智控制，不知道为什么总失控。其实它们——这些事情的结果——都是在满足潜意识里的某个需求。

潜意识为什么只能在黑暗里

一般来说，潜意识的信息很难进入我们的意识范围。因为很多潜意识的信息与我们意识领域的道德伦理、社会规范存在冲突，或者与个体自身的信念存在冲突。

比如咨询案例中的这位妈妈，她小时候总是挨打、挨批评，潜意识中有对妈妈的愤怒与反抗，这是符合人性根本的。一个人被伤害时，本能地就会想反击，俗话说，兔子急了还咬人呢。

当妈妈打她、骂她时，她也想打回去、骂回去。但是条件允许吗？当然不允许。不仅她不行，在很多家庭里，父母打孩子、骂孩子没有顾忌，是因为父母养育孩子，没有父母，孩子就活不下去。孩子也知道这一点，所以没办法在行动上反抗。但是情感上，孩子会报复。最直接的报复就是做让父母难受的事情，父母期待什么，孩子就朝着相反的方向做。

除了现实利益关系以及力量对比的悬殊，还有其他因素也参与了对潜意识信息的压抑，使得它们不能到意识层面来。

身为人类，“社会性”是根植于每个个体的本能之一。我们从小就接受学校和社会教育，学习文明规范，学习道德礼仪，每个人都必须接受社会规范对一个人的定义，以及主流价值观对一个人的期待。要孝敬父母，好好学习，成为一个有能力、有理想的人……这些价值体系与评判标准会成为我们潜意识与意识之间的滤网，只有与社会规范相符的“光明”信息才可以穿过，进入意识范围，而与社会规范相背离的“黑暗”信息，必须被隐藏在潜意识里，这样每个人才能维持自我认知的体面。

这个妈妈要表达自己的委屈，就意味着她要表达自己对妈妈的愤怒，去控诉妈妈的不好，去直面自己对妈妈的恨。

“恨自己的父母”，这是多么大逆不道的念头！这种信息一定不能直接通过道德伦理的滤网到达我们的意识层面，因为我们不能接受自己这么坏，即使有时候自己心里挺怨恨的，也会马上警告自己——妈妈把我们养大不容易，我怎么可以这样想，怎么可以恨她！

但是这种怨恨并不会因为“不被允许”而自己消失。它会一直在，而且一直努力制造表达自己的机会。这种恨不能光明正大地被承认，就只能通过伪装的方式去表达，比如，将对父母的怨恨转化为对自己的攻击："就是我不行，很多我妈妈让我做的事情我都做不成，我达不到要求。是我无能。我很内疚，怪我自己做不好。"

这种对自己无能的内疚感，是我们的道德规范允许的，也是意识能接受的。所以当孩子一直责怪自己，觉得没有得到妈妈的喜欢是因为自己不够好，信息就可以通过滤网了。

实际上呢？孩子底层的、自己没有觉察到的心理动力，可能就是想跟妈妈唱反调，这个过程就是在释放攻击性。这种释放攻击性的办法不会像她直接回击妈妈那么容易遭到报复或者道德的谴责，但依然会给自己带来麻烦，因为她会收到很多失望和批评指责。

这个妈妈也和我讨论过关于赚钱的事情。她妈妈希望她赚钱，要么找份能赚钱的工作，要么找个有钱人。

我说："如果你赚钱多，她可能很高兴。你的感觉会怎么样？"

她说："我感觉很抗拒，好像我有了钱就会被她剥夺一样，好像在我心里那就是一个填不满的无底洞一样。所以我的潜意识愿望是想反抗我妈，我恨她，我想让她痛苦，我不想让她心满意足。"

现在，她自己身为母亲，她的孩子也从她这里体会到这种

“我妈看不上我，我做什么她都不满意”的感觉，从而反抗老师，也反抗妈妈，拿学习这件事情让妈妈难受。

她在沿袭自己妈妈的方式做妈妈。

“妈妈是什么样的”这件事情，她内心已经有了一个模板，这个模板就是她早期成长经验里刻印下来的定义。她只有这个版本，只熟悉这个版本。

她不知道自己为什么打心底里嫌弃儿子。这就是她的原始编码在起作用，这个过程她经历过，所以她能很快调取那些经验和感觉。虽然她觉得自己的妈妈做得不好，但还是越来越趋向自己的妈妈。这就是原始编码的魔力。

改变，是一个漫长的过程

当然，我们可以通过学习来改变自己，但这也是一个漫长而困难的过程。简单地说，我们在家里生活了二十多年，之后花两个星期看了别人的一本书，或者花三个月听了别人的一套课程，哪个影响大？

这就如同我们学习外语一样。我们从小说汉语，现在到了英国，要换一种语言去沟通，那学这门语言要不要时间？要不要有人教？家长学习新的方式和孩子沟通，比学一门外语的难度只大不小。

就算家长现在可以和孩子好好讲道理，但在此之前，我们已经对他无力反抗的潜意识工作了很长时间。在这个时间里，孩子对这个世界，对自己的认识，都形成了自己的模式。

所以，家长的改变和孩子的改变，都需要时间。

有些家长说："孩子以前很听话，就是青春期叛逆，不是我们教育的问题。"

孩子越小，越没有能力反抗，家长越不会约束自己的表达欲望，越不会审视自己的做法。因为孩子反抗不了，无计可施。但是到了青春期不一样了，孩子自己的力量增强，有反抗的条件了，知道很多让家长痛苦的方式，才使得家长不得不重视。

所以，青春期叛逆的孩子，一定不是青春期的问题，而是在青春期之前积压的问题的爆发。

无效沟通中，孩子接收到了什么

孩子比你以为的更听话

家长经常觉得生气、愤怒的原因之一，是觉得自己为了孩子殚精竭虑、付出很多，但孩子就是不听自己的，就是不跟自己好好合作。

其实，是这些家长错怪了孩子。孩子天然地跟家长的潜意识互动，一直被那股家长自己意识不到的潜意识的力量所牵引、所影响。

还记得前面那个给孩子定非常严格的作息时间表的爸爸吗？那个孩子后来整天无精打采，不想学习、不想交朋友、成天想睡觉。

其实很多父母都很好奇，为什么孩子被这么指责、辱骂都不能变好，都没有变得争气？他没有自尊吗？我为什么这么倒霉，养出这样一个孩子?

对于学习，或者说成就感，每个家长都会根据自己的信念与孩子互动，其中有两类特别具有代表性，它们是两种不同的动力方向。

方向1：想当年，大家都瞧不起我，我才憋了一股劲儿努力学习，一定要让别人刮目相看，才有了后来一番成绩。所以孩子，你也要这样。

方向2：我当年因为成绩差，所以被别人瞧不起、奚落，我自己也感觉很不好，非常自卑，到哪儿都感觉自己是多余的。所以孩子，我希望你不要体会到这些，才督促你认真学习。

这两种父母都会逼孩子学习，都看不惯孩子不上进、偷懒。然而孩子可能偏偏就不上进、偷懒，甚至厌学、辍学。

是真如我们所说，怕什么来什么吗？为什么我们害怕的事情会来呢?

对这个现象，心理动力学上有一个经典的解释：凡是你得到的，都是你想要的。

这个解释非常重要，给大家举个例子来理解一下这个说法。

凡是你得到的，都是你想要的

有个来访者，是出了名的“买单王”，豪放大气。但不知道为什么，他的孩子很不愿意分享，自私、小气。他觉得不能忍受，觉得这个孩子的道德品质从小就不好。

他说的这些小气行为，都是孩子不愿意把自己的东西给别人。比如，儿子小时候，他朋友带着孩子到自己家里做客，跟儿子一起玩游戏，朋友的孩子很喜欢儿子的玩具，他就让儿子把自己最喜欢的玩具送给对方，结果遭到了儿子的严厉拒绝。他觉得难为情，没有强制孩子送玩具，但是一直数落孩子小气、自私。直到朋友安慰他说，孩子都喜欢自己的玩具，很正常，下次再让他们一起玩，没关系。

孩子都不愿意把自己最喜欢的东西分享给别人，这是人性使然。但是他对孩子这种守护自己东西的行为表现出非常大的情绪。看上去他好像很讨厌孩子小气，但真的是这样吗?

我们就这件事情展开讨论。

这位父亲说，其实偶尔买单，心情是高兴的，但总是自己买，他心里并不乐意。可在买单时，他总是表现出“你要是买单，我就跟你绝交”的架势，在收银台推推搡搡的买单经历数不胜数，最后大家就任由他买了。

其实他真正希望的是，即使他这么热情，即使他这么推搡，对方依然坚定地去买单，或者有人中途趁他不注意去把单买了。

我问他：“好像你有某种压力，必须要买单？”

他说：“好像我不去买单，就是小气，而小气的人，最终会被排斥，会孤立无援。有时候买完单回去的时候，觉得自己有点儿亏，觉得朋友们不仗义，内心很失落，也给自己添了不少堵。”

后来他发现，自己并不想买单，但是他不敢，怕别人说他小气、不值得深交，以后自己碰到事情很难有人拉自己一把。

我问：“你这个想法是怎么来的呢？”

他说：“小时候家里穷，没有钱，上学的时候经常交不起学费，虽然成绩很好，但是没有亲戚朋友肯帮衬。妈妈总是说，都是因为你爸小气、抠门，拿不上台面，所以才没人跟他结交，有赚钱的机会也不带他。你长大了千万不要学你爸，要不然你一辈子也完了，就跟你爸一样，一辈子窝囊。”

妈妈这些话如魔咒一样印在他心里。所以他非常害怕自己成为一个自私的、小气的人，哪怕是正常守护自己的东西，他都觉得是自私、小气，什么都要和人分享。

有一次，小姨到家里来玩，给他带了一支钢笔，他非常喜欢。他把钢笔拿到班上去给同学看，同桌也很喜欢，想借去用。他心里不愿意，就跟他妈妈说了，不想借给别人用。结果妈妈劝他：“舍得舍得，要舍才有得。你爸现在什么都没有，就是因为他什么都不舍得给别人。”

钢笔借给了同桌，结果还回来的时候笔尖坏了。他很伤心。妈妈说：“你的笔虽然坏了，但是你交到朋友了。”

但这种分享让他很痛苦。

多年以后，在咨询室里，他问我：“难道我就不能有自己喜欢的东西，难道我就一定要给别人吗？曾经生意做得很差的时候，和朋友在一起，我还是硬撑着去买单，那种感觉真是糟糕透了。我也想别人为我做些什么啊！”

父母的潜意识，会由孩子实现

这位父亲看到孩子“自私”，一方面很羡慕，因为儿子可以毫无顾忌地保护自己的东西而他做不到，另一方面他也担心孩子长大后成为一个自私的、不能获得帮助的人，所以这种冲突使得他虽然骂孩子自私，但是看到孩子的做法他内心又是高兴的。

通过和孩子的互动，他一方面满足自己的意识，要分享，另一方面满足自己的潜意识，要自私。

这两件事情，他是如何同时实现的呢？

正常情况下，孩子想维护自己的东西。有些时候孩子愿意分享，有些时候孩子不愿意分享。如果我们希望孩子分享，最简单的做法是什么？让他在这件事情里感觉到快乐。前面讲情绪的时候我们说过，快乐是一种成长的力量。你想让他做一件事情，要把这件事情变得愉悦。比如，孩子分享的时候，告诉他“我看到你把饼干分了一部分给你的朋友，很棒，爸爸很高兴”。

如果我们总要求孩子把自己最喜欢的东西分享给别人，孩子是不愿意的，这种要求会引发孩子强烈的抵触，使得他更加守护自己的东西。如果我们逼迫孩子分享，硬是抢走他的东西，那么他会很害怕守不住自己的东西，更加紧紧守护，对要求分享的行为更警惕、更排斥。

孩子是怎么变得小气、自私的呢？是因为我们暗自把分享的行为变得很痛苦，他本能地拒绝分享。

如果耐心观察孩子的行为，我们会看到，孩子一定有愿意分享的时刻。但是因为我们自己对“小气”更敏感，看到孩子分享的时候，可能会认为孩子是装的，或者那些东西肯定是他不要的、不喜欢的，要不然他才不会分享呢。

当家长心里对孩子有成见时，无论孩子做什么，我们都会按照自己以为的去认定孩子，而孩子愿意分享的那些时刻，直接被抹杀了。

为什么会这样？因为家长的潜意识里更愿意看到一个自私、小气的孩子，他们自己想成为而没能成为的模样。

案例中这位父亲，在自己的成长经历中有太多关于分享的痛苦记忆。那些记忆里隐藏着大量的委屈和不甘心，无处诉说，并以一种不被觉察的力量深刻地影响着他的生活。

父母的拧巴，会让孩子内心冲突

有一次过父亲节，这位父亲看朋友圈都在秀礼物，他内心也有些期待。因为去年孩子在妈妈的授意下，用自己的零花钱给他买了无线耳机，他觉得很好用，开车打电话方便多了。

他期待今年也能收到一个不错的礼物。

回到家，10岁的儿子给他画了一幅画，上面写的是“爸爸我爱你，你辛苦了”。他尽量让自己笑了笑，但还是忍不住失落。

他跟妻子说：“去年还知道给我送东西，今年就画幅画，小子贼抠了。”

他妻子说：“去年给你买耳机，被你臭骂一顿，说他是败家玩意儿、纨绔子弟，骂他衣来伸手、饭来张口，不知道赚钱多么辛苦。我都跟着挨骂。被你骂怕了，今年哪敢给你买。”

我问：“为什么孩子为你花钱，你还那么生气？”他说：“不是生气，是心疼。”他觉得孩子花了那么多钱，一定是不乐意的。

这其实是他自己感觉到了付出的难受、委屈，所以他在阻止儿子付出。

但孩子其实什么想法都没有，就是买好礼物等着爸爸夸自己，结果等来一顿骂。孩子因此认为“爸爸不愿意让我给他花钱”。

从旁观者的角度看，这位来访者在“分享”这件事情上，活得多拧巴啊！

他一方面渴望别人为自己付出，另一方面又不允许自己得到。就像他希望在收银台推搡时，别人能透过他的执拗，依然坚定地去买单。这种方式他觉得可以接受，因为自己依然是大方的，没有付钱是因为自己抢不过。或者别人偷偷去付了钱，这样也会好一些，因为自己是大方的，但是那个家伙钻了空子，让自己没付成功，这样就能心安理得了。

但是孩子哪能看透这些呢？别说孩子，一般人都看不懂啊！他的行为太具有迷惑性了，使得背后的愿望太不容易被看见。

当孩子不买礼物的时候，他会感觉到失落，但是他在潜意识层面也实现了自己做一个自私的孩子的愿望。

这位父亲还老说孩子吃独食，比如，他觉得孩子不给别人吃饼干。但是他忽略了，孩子问他吃不吃的时候，他说：“我不喜欢吃饼干，你自己吃。我看你也舍不得分给别人吃，我要真的吃了，你不是很难受吗？”

这完全是个误会。孩子并没有感到难受，但是如果每次孩子为父亲付出的时候，父亲都很难受，孩子就知道了，其实父亲是希望他不要付出，自己享用。

当我们陷在理智和情感的天人交战中时，孩子直觉的雷达早就收到了你真正的意图。你潜意识的语言，他早就听明白了。

所以那些家长觉得事与愿违、不可思议的结果，就是他们想要的，穿过岁月送给自己的礼物。当孩子变成这样的人的时候，家长童年的梦就圆了。

但是在意识层面，我们并不接受，于是开始产生各种冲突。

别让你的潜意识成为捆绑孩子的绳索

潜意识的自我探索步骤

本章提到的两个例子，都是在讨论亲子互动中家长内心深处的情绪感受，这些感受原本在他们儿时就渴望被看见、被安抚，但是他们的父母和他们沟通时完全注意不到、满足不了，于是这些遗憾和渴望被印刻在潜意识里，变着花样地、持续地寻求满足。

那么，除了做咨询，借助专业人员的力量之外，家长是否可以自己做潜意识探索，消除潜意识对自己的影响，优化与孩子间的沟通呢?

这里提供一条潜意识探索路径:

1. 孩子做这件事情，我为什么这么生气、绝望、伤心?

2. 有人这样对我吗?

3. 如果有，是什么时候？是谁？为什么事？还能想起来那个时候的感觉吗？

4. 如果时光可以倒流，你希望得到不同的对待方式吗？

5. 这个不同的对待方式，和孩子的现状有什么重合的地方？

再重申一次心理动力学的经典理论——你得到的，就是你想要的。当我们说孩子变成什么样让我们多么痛苦时，要知道，这依然是我们想要的。

在这个前提下，去感受并觉察自己。

自我觉察的练习方法

我们可以在产生情绪的时候找个安静的地方，感受一下，跟自己的情绪对话：“你是谁呀，你是什么情绪？你的背后有什么故事？”

我们也可以拿起纸笔写一写，当我和这种情绪对话的时候，我感受到了什么。写一写跟这些爱恨情仇相关的故事，也许是不久前的，也许是很久以前的。

如果你想起了谁，想起了某段过往，可以试着安抚一下自己，告诉自己“我知道你经历了这些，很不容易，所以你才会那么生气、那么绝望、那么伤心。如果当时有人陪伴你、理解你、帮助你，就好了”。

如果一些故事让你感觉难以面对或者非常羞耻，那它们正是值得你去仔细分析、审视的。如果可以的话，找个听众，把这些事情和感觉好好地、认真地说一说。

如果我们能持续这么做，对自己也许会增加很多与以往不一样的理解，也会更明白自己的沟通方式受到了什么影响，从而真的让改变发生。让我们平息内心的冲突，不再给孩子制造冲突。

不要以为你知道了就是完成功课了。你会怎么做，跟你想怎么做是不一样的。

我们来切身代入感受一下。

如果你是一位女士，你非常爱一个男人。有一天，他告诉你他今天提交的公司项目方案中犯了一个很明显的错误，被公司的领导严厉地批评了，并且还要接受相应的处罚措施。回来的时候他非常沮丧、痛苦，抱着你痛哭流涕，觉得自己没用，觉得自己太糟糕了，总是不能把事情做得很好。

请问，你会怎么做？

1. 安慰他。感受到他的无助，抱抱他，告诉他：“没关系，每个人都有犯错的时候，我知道你很懊恼、很难过，我会陪着你的。有什么需要我为你做的，我都在。”

2. 批判他。对他说：“为什么你这么粗心，犯这么大的错误？这么好的机会被你搞砸了，真的很可惜。要不是你犯了错，公司会惩罚你吗？”

3. 帮助他。仔细帮他分析犯错的原因，寻找解决方案，看看可以做些什么挽回损失，以及以后这样的事情要怎么避免。

哪一种是你最常用的沟通方式？

如果你是这个男人，你希望对方用哪种方式和你沟通？你喜欢的和你希望得到的是同一种方式吗？这是个值得思考的现象。

第一种处理方式是在安抚他的情绪，允许对方无助、愧疚，而他从你这里得到理解和支持以后，这种好的感觉会帮助他唤醒理智，回到解决问题的状态。

第二种处理方式是在他本来的情绪上火上浇油，使得他需要更多时间、更多能量才能消化这些情绪。而你释放出来的敌意和瞧不起，可能让他更加沮丧或者恼羞成怒。他可能会跟你争吵，你也可能会因此更加愤怒——特别是在你坚信自己正确的情况下。

第三种处理方式，双方都没有被对方的情绪影响。但是对方在大量情绪没有消解，处于低落的情绪状态里时，我们过于理智的态度，让对方并不能和你同频。他可能会因此有些躲避，你会有些失望。

好的沟通方式，情绪要被首先处理。冷静下来之后，才能慢慢谈理性。成人之间如此，孩子面前尤其如此。

做孩子心理能量的“加油站”

孩子面对这个世界，去学习、去社交、去面对和解决问题，每一件事情都是要消耗心理能量的。什么是心理能量？快乐是心理能量，让他感觉自己做得好、做得到、他可以。

孩子如果是一辆汽车，父母的鼓励、信任、陪伴、温暖、理解、支持，就是在给他的油箱加油。如果孩子总是被指责、质疑、挑剔，就相当于把汽车的油箱戳了个洞，汽车还没跑出多远，油就漏光了。

父母和家庭是孩子的世界里最为重要的组成部分。孩子在父母营造的情绪状态下成长，形成对自己和世界的认识。

如果父母总觉得孩子不好，他也会觉得自己不好、不优秀，觉得周围的人不会喜欢自己。

孩子的状态，会影响他的人际关系。

他可能和别人交往的时候很紧张、很焦虑，可能会对别人的评价很敏感，可能会失眠，可能会吃很多东西，可能会紧张到胃痛、头疼，可能会全身无力。

这就影响到了孩子的身体。

听起来是不是很可怕？父母的状态与孩子的状态和身心健康，就是这样环环相扣、持续影响的。

这些年工作的过程中，我遇到了太多青少年的家庭，看到太多孩子和父母在痛苦里挣扎。我们对孩子的担心，很多时候都变成了现实。但是这些是可以阻断的，即使我们把这让人痛苦的一切称为命运，那么命运也是可以改写的。

改写的前提是，我们需要更多地感受自己，允许自己触摸自己的潜意识，面对那些尘封的情感和愿望。

6

安放好自己的情绪

家长用情绪化表达时，其实是在为自己内心的需要发声，并不是在为孩子解决问题。这种沟通互动中，孩子没有学到任何解决问题的能力和技巧，反而是家长在不自知的情况下，给孩子制造了一堆问题，会持续地消耗孩子的心理能量。

上一章我们讨论到，家长用情绪化表达时，其实是在为自己内心的需要发声，并不是在为孩子解决问题。这种沟通互动中，孩子没有学到任何解决问题的能力和技巧，反而是家长在不自知的情况下，给孩子制造了一堆问题，会持续地消耗孩子的心理能量。

家长的初心，当然不是这样。那怎么做才能避免这种事与愿违的结果呢?

这就需要家长先知道自己为什么会有这样的情绪，以及这些情绪传递给孩子什么样的信息，然后才能找到改变的途径。

这一章我们将着重讨论这个问题。

觉察互动方式的原型

觉察自己的情绪并不是一件容易的事情。尤其是在和孩子沟通的时候，更不容易。

有人不解，我们为什么要觉察自己的情绪呢？孩子只要稍微听话一点儿，做作业稍微快一点儿，成绩稍微好一点儿，我们之间就不会有这么多矛盾了。孩子天天磨磨蹭蹭、粗心大意、毫无进取心、被动散漫，这难道不应该是孩子改吗？为什么要我们家长去觉察呢？

显而易见，让孩子改是家长最期待的方式，一来证明自己是对的，二来轻松、不用付出努力。而自己改意味着调整，意味着要进入非舒适区。

确实，孩子如果能如家长所想的一样，家长可能会快乐很多。但现状常常是家长使尽了力气，孩子不仅没有变化，所有的毛病还愈演愈烈。

如果没有新的变化产生，照这个情形发展下去，一切矛盾和问题会一直如影随形。

怎么办呢？是继续等待孩子自己改变，还是我们自己先动起来，带动孩子的变化？

如果我们不想等，或者等不起了，那就只能自己去面对这个问题。

找到情绪后面的“潜伏者”

家长对自己情绪的觉察，可以从哪里开始呢？还是以上一章那对慷慨的父亲和小气的孩子为例。

这个“逢单必买”的爸爸有一个信念：如果我不舍得把心爱的东西分享给别人，以后就不会有人和我做朋友，我就会被排斥、被嫌弃，遇到困难也不会有人帮忙。

而现实真的是这样吗？显然不是这样。大部分人都不用这样付出也会被喜欢，也会有人愿意帮助他摆脱困境。

但是这个父亲看不到这个现实。对于这个父亲来说，一个人只有舍得把自己喜欢的东西给别人，才能获得喜欢，这已经是一个固化的思维。在这个想法的驱使下，他跟孩子的沟通就朝着这个方向进行了。孩子被父亲带到这样的频道里，他的感觉使得他想守护自己的东西，但是守护了又会挨爸爸批评，怎么做都不对。

孩子面临的矛盾，其实源自爸爸内心的冲突。

有些人可能会觉得，这件事情看起来不是很好解决吗？要么别勉强自己分享，接受自己不想分享的想法，要么高高兴兴付出就好了。无论哪个选择，都能解决这个冲突。

为什么这么简单的道理，这个爸爸却做不到呢？

原因就像这个爸爸说的，“我觉得孩子应该去分享，我妈对我的要求也是这样的”。他不知道这些互动会给孩子带来什么样的影响。

“要分享”这个念头对他来说，是个自动化的思维，是如此理所应当。很多时候我们去学习，学到很多新的理论，我们接受了，也很想去试试，但是那些自动化的部分就像我们的血肉一样，而用新的方式去互动，就像一个手术，要把自己的血肉从自己身体里割掉一部分，这是件很可怕的事情。

我们学到的知识可以覆盖认知，无法覆盖情感。很多时候，理智上我们知道自己应该对孩子好一点儿，表扬他、信任他、给他支持，但是我们的情感跑得比理智快，当理智还没来得及启动的时候，我们下意识的举动就是开始骂孩子、贬低他。做完之后，我们又很后悔。但是下一次还是这样，真的很让人崩溃。

那些情绪像潜伏在我们身体里的另一个人，看到某些特定的人和特定的场景，这个潜伏的人就像接收到了某个信号，像上了弦的箭一样，嗖一下飞驰出去。当我们反应过来追上他的时候，这个“潜伏者”已经把他想做的事情都做完了。

我们要觉察自己的情绪，就是要找出这个“潜伏者”，看清楚他、认识他，在他出现的第一时间尽快赶上他，跟他好好谈一谈，看看他怎么了，为什么给我们捣乱，我们怎么做才能获得他的配合，不给我们添乱。

安抚内在小孩

若追根溯源，这个爸爸“不舍得就会被人嫌弃，被排挤”的理念，是从他的妈妈那里得到的。而妈妈说起他抠门、小气的样子的时候，是瞧不起、抱怨、排斥的。因此，这个爸爸在很小的时候就知道，只有忍痛把自己的东西给别人，妈妈才会喜欢自己。不被妈妈喜欢，这是件多么可怕的事情！因此，在这个爸爸的潜意识里，“不分享”这件事情背后联系的情绪，就是恐惧、害怕和担心。而妈妈和他的互动不断加深了这种恐惧。

从现实层面来看，他想留着小姨送的钢笔自己用，不借给别人，这原本是合理的需求。但是这些合理的需求，在他的感受里全部变成了让他害怕的事情。他只能痛苦地付出，这种付出又让他更容易看到别人的自私，他一方面委屈，一方面又很气愤，悲愤交加。

所以，藏在这个爸爸身体里的内在小孩，是一个委屈又很愤怒的孩子。这个孩子的委屈与愤怒在日积月累中积压着巨大的却一直没能释放的能量，所以，只要遇到与分享有关的情景，这个内在小孩就飞奔出来，带着他的愤怒，带着他的委屈。

直到这个父亲有了自己的孩子，情形依旧。在这些郁积的情绪被释放、被安抚之前，这个内在小孩会一直出来捣乱。

这个内在小孩在等待什么呢？他在等待一个人来告诉他："无论你怎么做，妈妈都是喜欢你的。过去你一直生活在被妈妈嫌弃的恐惧当中，你只有强迫自己付出的时候，你对关系才感到安心。但是这些付出又是让你痛苦的，这些年你辛苦了，你受委屈了。"

这个内在小孩的委屈与愤怒需要反复得到慰藉、安抚。情感安抚是针对他的暗线工作。而外在的情绪疏导则是针对现实中这位已经成年的父亲，他需要有人理解他的难处，让那些希望保护自己正当利益的"小气"的感觉被他自己看到，被他自己允许。

与此同时，当他怀着"不分享就会被抛弃"的恐惧时，让他看清楚，现实生活的关系中，即使他不那么极端地付出，也会有人关心他，同时，别人也愿意为他付出。这些事情一定在他的生活中发生过，但是之前他被自己的分享理念所束缚，只关注自己付出的痛苦，使得这些相反的信息很容易被他忽视。

用安抚和允许为他的情绪解绑，同时用理性与现实引导他去思考。让两条沟通的线都到明面上来，大家互相认识一下，以后彼此配合、不拧巴，人就慢慢舒坦了。

觉察自己内心的冲突

我们说过，沟通的情绪和沟通的内容是两条独自运作的沟通链条。让两条沟通链条相互合作不容易。很多时候，我们不知道自己有两条沟通的路径，也根本意识不到它们在互相唱反调。

如同前面提到的，努力帮助孩子学数学的那个妈妈，当她和我谈话时，表现出的经常是“我要做一个宽容的好妈妈，鼓励孩子、支持孩子，不要逼迫孩子”。这些想法很好。

可是一看到孩子的学习成绩不够理想，学习状态不尽如人意，她就开始责备孩子：“为什么你们班别的孩子都能把自己的学习安排得好好的？我对你这么宽容了、要求这么低了，你还是做不到，你是要气死我吗？”

这个理智上希望自己包容、支持孩子的妈妈，情绪上却对孩子充满了失望和不信任。

发完火，看到孩子蔫蔫的样子，她又十分后悔，觉得没有必要为了一点儿小事大动干戈，不明白自己为什么总是小题大做。

这位妈妈觉得后悔和困惑的地方，正是我们在自我觉察时需要切入的地方。

如果一件事情，我们总是做，做了之后又总是后悔，但是又改不掉，那么这件事情背后可能暗藏玄机。

在前面提到的两个案例中，无论是爸爸因为孩子不分享东西发火，还是妈妈因为孩子成绩不好发火，这些无名火的背后，都有一些意难平的往事。这些意难平的往事，心理学上称之为“心理创伤”，简称创伤。它们如一根根被血肉包裹着的刺，肉眼看不见，却随时随地带给我们疼痛。

每个人都会带着或大或小的各种创伤生活。早期的创伤就像种子，而我们现实生活中的很多互动，都是这颗种子开的花。

看到冲突背后隐藏的情感

从亲子沟通的角度看，如果家长能够厘清自己的情绪和早年创伤的关系，这就是一个切断代际传承的机会，让这种创伤就此被看见、被疗愈，而孩子就不需要再经受一次家长曾经受过的伤。

可是要怎么觉察冲突，以及冲突背后隐藏的情感呢？这里提供一个可操作的“自我觉察”方法。

我们用一个例子进行示范。

一个孩子写作业总是拖沓磨蹭，妈妈就忍不住发火。发火之后，妈妈又觉得其实没什么要紧的，就跟孩子道歉：“对不起，是妈妈错了，是我不该发火。”

我们先来看这个问题：孩子写作业慢，妈妈为什么要发火呢?

有家长问：“这种情况，难道不该发火吗？不发火才需要理由吧！”

当然可以不发火。如果妈妈认为孩子写得慢是因为不熟悉作业内容，熟悉了就会快起来，那这个妈妈就不会发火。或者妈妈觉得孩子可能遇到了一些困难，那关注点就转移到了解是什么困难、怎样帮助孩子，那家长也不会发火。

其实，不发火很正常，发火才需要理由。发火是因为引起了情绪反应，触发了情绪开关，让我们从理智的区域偏移到了情绪的区域。

从旁观者的角度说，孩子写作业慢，是孩子自己的事情，也是一件很小的事情。但就是这么一件小事，就可以把家长的理智弄到“宕机”，失去思考的能力，失去对自己情绪的控制力，这

难道不需要理由吗？

而且这种情绪一定不会只出现一两次。如果总是发火，问题却没有解决，那这可能就是家长一个自动化的反应——看到孩子行动慢就来气。

在这里，我们把它做一下慢镜头的特效处理：发火之前，妈妈一定是触动了某个定义联系反应，这个场景很可能联系着妈妈心里某些尘封已久的、没有被消解的情绪。

在这位妈妈的解读里，孩子这么慢，肯定是因为偷懒。这么懒，以后什么都做不好，就不会有价值，没人喜欢这样的人。

所有这些想法，全部指向一个消极的结果。

如果家长不反复强调，孩子会想到这些消极的结果吗？不会。会感觉到焦虑和害怕吗？不会。那一开始这个妈妈的害怕是从哪里来的？答案是从她的父母那里来的。是她的父母通过暴力沟通不断地把自己的恐惧传递给了孩子。

前面说过，家长在毫无必要的情况下，忍不住反复向孩子发火，其根源在于把一个目标和一种消极的情绪联系在一起，形成条件反射。如果我们自己很害怕一件事情发生，会焦虑不安，一系列消极想象会来找我们，我们会依着这些想象去和孩子沟通，而不是基于现实去和孩子沟通。

同时，“发火”这种情绪化处理问题的方式，也意味着在处理这件事情的时候，家长自己已经丧失了自我控制能力，处在一个帮孩子倒忙的位置上。

用发火的方式消除想象中的恐惧，是家长为了解决自己的焦虑，而不是解决孩子的问题，因为孩子原本没有这些想象，也没有这些恐惧。

看到意识与潜意识的矛盾

如果没有家长的粗暴干预，孩子的问题会是他的成长机会。比如，孩子做事磨蹭，或者会被老师批评，或者会被同学嘲笑，次数一多，孩子觉得难受，他自己就会调整。离苦得乐是人类的本能。当他体会到这样做会伤害自己的利益，他会本能地去调整，我们只需要等一等，或者平和地引导一下，他就会慢慢摸索出一些合理使用时间的方法。

但是家长的干预把这个过程切断了。我们不断地给孩子灌输“你是个拖沓的人，你这样下去就完蛋了”。

如果我们不相信孩子的调适能力，那我们的沟通很可能会破坏孩子的适应力。这种沟通完全是负性的催眠，越是旷日持久，杀伤力越大。我们一方面催孩子快，另一方面却在不断地破坏孩子往快的方向调整的能力。

这类冲突的来源，往往是家长在意识层面接受“快是好的”，但是在潜意识层面却希望孩子慢下来。

为什么在情感层面，家长会追求一个慢的结果呢？比如案例中的这个妈妈，可能在她的孩提时代，她的妈妈会要求她做一些事情，如果做得快就可以得到妈妈的爱，如果动作慢就可能被妈妈嫌弃。

现在，她自己也有了孩子，而她心里还存着那个因为动作慢而被伤害的往昔。她对自己的妈妈有很多愤怒无法表达，保存到了现在，正原封不动地流向孩子。所以她一面在意识层面催促孩子要快，但是在潜意识层面却在引导孩子慢下来，去实现自己心里隐秘的愿望——穿越时光的隧道，回到儿时，告诉妈妈“我希望我慢的时候，你对我好一点儿。我不是慢，我只是还小”。

当这个母亲能清晰地看到自己在快与慢这个问题上的早年创伤，并因此调整自己对待孩子的方式时，疗愈就会发生：孩子的慢，得到了妈妈的许可；而妈妈心里的愤怒、委屈也会得到安抚。妈妈心里内在小孩的渴望实现了——即使孩子动作慢，也不会失去妈妈的爱。

每个家长也可以把自己的故事像电影一样放出来，在那些形成创伤的地方，用慢镜头看着那个孩子、那个曾经年幼的自己，告诉他：“你没有达到父母的要求，但这不是你的错。即使没有达到父母的要求，你也不会失去他们的爱。”

去试试这个方式吧！用你今天已经成年的力量，去养育那个曾经的自己。为你的孩子，也为你自己。

这是父母与孩子的双重疗愈，也是父母与孩子的双重成长。

看到自己的退行状态

心理学上有个说法，“你吃过的苦，身体都记得”。

我们都以为，就算曾经受过伤、吃过苦，只要这个阶段过去了，伤痛也就过去了。可实际上，这些伤痛只是在时间上过去了，我们的身体却从未忘记，如果这些伤痛所产生的情感积压没有被看见、没有被疏导，它们就不会消失。它们会影响我们的日常判断，也会影响我们与孩子的互动。

所以，作为家长，我们特别需要学习对自己的情绪来源保持觉察。

保持觉察的方法，可以按以下环节循序进行练习：

1. 孩子身上有什么习惯和特质是你觉得有问题，让你感到特别焦虑的？

2. 你身上有类似的习惯或者特质吗？

3. 如果你身上有这种习惯和特质，回忆一下，你是被怎样对待的？

4. 当你被这样对待的时候，你的感觉是什么样的？你希望被如何对待？

这样进行觉察的作用，就是面对自己，把孩子隔离出来。

如果家长讨厌孩子身上的某个特质，而且发现自己也有，就不要和孩子在这一点上较劲。家长都帮不了自己，那就意味着在这个方面你也很难帮助孩子。你用能力可以互动出孩子的能力，你用情绪只能互动出孩子的情绪。

如果家长冷静睿智、足智多谋，孩子会学习到我们的理性智慧。如果我们发泄情绪，孩子就接收到了一堆情绪垃圾。

动力学有个概念叫“退行”，意思是当人们遇到一个具有某种特殊性的情境，这个情境所激起的害怕、恐惧、悲伤、无助等情绪非常强烈，会迅速击垮这个人，使得他在当下没有能力像成年人一样去思考、应对，而是变得像孩子一样无理取闹，或者软弱无力。

很多时候，家长面对孩子时，就处在退行的状态，也就是自己变成了一个孩子，而且还是一个需要安抚的孩子。当家长在这种状态下和孩子沟通，其实是两个小朋友在沟通，而且其中一个小朋友还以压倒性的力量（因为他有成年人的外貌）来应对另一个小朋友，那么沟通的结果可想而知。

就像很多家长都知道，管孩子的时候，要先管住自己的嘴，但是实际上很难管住。为什么？因为在那些我们觉得应该做却做不到的事情背后，都有我们隐藏的情绪。“管孩子”这件事情只是引子，引出某种我们深埋在心的情感，使得我们方寸大乱。

儿时那些伤心痛苦、好像已经过去的事情，那些未被安抚的情绪，会穿越时空来找我们。它们是我们控制不住的，让我们身不由己，知道却做不到。

我们能做的，就是仔细审视我们在哪些事情上容易失控，然后按图索骥，开启自我觉察与修复之旅。

允许自己有缺陷，不把缺陷变成伤害

代际轮回

把一件事情变成一种伤害的关键，就是情绪在其中起作用。

我们如何看待自己的缺点，就会如何看待孩子的缺点。不接受孩子的某些特点，其实就是不接受我们自己的不完美。所以我们不接纳孩子的底层逻辑是我们不接纳自己。

就像前面案例中的妈妈，害怕孩子做事情慢会耽误事。她说："我对我自己要求也很高。我很自律，我起早贪黑，很勤快。"

她很小的时候，需要照顾弟弟妹妹，给他们洗澡、洗衣服，但其实她只比妹妹大一岁多，她也只是个孩子。因为力气小导致洗衣服慢，妈妈说她磨蹭。切土豆时，妈妈嫌她太慢，问她是不是故意偷懒，永远在催促她。

因此她一直很警惕，表现出很努力的样子，觉得自己应该一直忙碌。但她也经常觉得很辛苦、不堪重负，有时忍不住偷偷看看电视，但是看了之后又很焦虑，觉得自己不务正业、浪费时间。她不允许自己不忙碌，不抓紧时间。

当她成为母亲，看到孩子做事情磨磨蹭蹭的样子，就有种灭顶之灾要来了的感觉。曾经父母催促的声音让她紧张、无奈，但是现在，这声音每天在儿子耳边无数次响起。

代际轮回就是这样形成的。

只有当我们允许自己是个有缺点的人，才能打破这种传承。只有当我们允许自己慢下来，才有可能对孩子的慢不至于过度反应。

这就是自我觉察在家庭生活、亲子沟通中的价值。

理解孩子，就是解放曾经的自己

当我们去觉察自己的一些模式和一些所谓的缺点时，我们也会重新回顾自己的成长经历，以及附着在这些经历当中的情绪感受和认知。我们就会看到自己的一些信念或者想法的来源。它们不是无缘无故来的，是被教会的。一旦这些信念形成，就会刻在我们的记忆里。

当我们自己成为父母之后，在和孩子的沟通中，也会不由自主地带着这样的印记，一旦遇到相似的场景，那些尘封的感觉被点醒，那些渴望、愤怒和委屈会一一再现。我们会要求孩子不磨蹭偷懒，要勤快、要努力，却忘记了自己小时候很渴望爸爸妈妈允许自己出去玩，也忘记了小时候总是被催、被指责的痛苦和委屈。

而自我觉察在亲子沟通中的价值就是，家长在将过于激烈的情绪倾倒给孩子之前，因为想起了这些印记，还来得及给沟通按上暂停键，然后去审视一下自己为什么对这个问题这么敏感，为什么总是很容易在孩子身上找到这种特质，为什么总是戴着某种有色眼镜看孩子。

一旦家长有了自我觉察的意识，我们就能调整平常认知和处理这件事情的顺序。平常我们都是觉得因为孩子这样做自己才生气的，是希望他改自己才生气的。这样的想法，就是我们对孩子的催眠暗示，让他相信是他的问题，让他相信他是一个不好的孩子。环顾四周，那些觉得自己没用、没出息、总是做不好事情的人，都少不了会这样催眠的父母。

有了自我觉察之后，我们就能看到问题的根源在自己，从而终止这种催眠，放过孩子。如果感觉到自己状态不佳，我们可以先尝试着不沟通，不去说教和发脾气，而是先去自我调整，平复自己的情绪。

这个路径是帮助孩子，更是帮助我们自己。

咨询初期，很多家长会和我说："我认识到了，但是做不到。”他们往往看到孩子怎样怎样就来气，来气就会发火，感觉根本控制不住自己。

是的，自我觉察和情绪调整都不是容易的事情，情绪调整尤其困难，所谓“冰冻三尺，非一日之寒”，一个人的认知和信念以及行为模式已经跟随我们很久了，我们很难短时间内改变。但是这些因素决定我们到底是在用什么信息影响孩子，因此，虽然难，也值得去做。

允许孩子有缺点的前提是允许自己有缺点

家长从心底允许孩子有缺点的前提，是允许自己有缺点、不完美。简单点说，就是爱自己，接纳自己。

但是接纳真是太难了。

比如，那个把“慢”当作缺陷的妈妈。当她还是个孩子的时候，需要帮着父母做家务，速度慢是因为小、没力气、不熟练。这很正常。但她的父母把这种正常情况解释为偷懒，并因此责骂她。

于是她的概念里，慢和懒就等同起来，而且附着强烈的恐惧和羞耻。这是一个定义联系反应的形成，也是一个核心信念的产生。

她如何才能接纳自己的慢呢？关键是处理附着在这件事情上的羞耻和恐惧。

从心理疏导的角度，需要先深度同理这个情绪，再做处理。

需要有人告诉这个妈妈："当你还那么小的时候，你多么渴望大人也能看到你还小，很多事情你还做不了，但你还是尽力去做了，无论是能做到的，还是做不到的。

"很可惜，当你拼尽全力去做这些事情的时候，你的爸爸妈妈没有看到你的努力，甚至打你、骂你，这是一件多么让人气愤和委屈的事情。

"因此，如果你内心对爸爸妈妈有埋怨、憎恨，甚至有想打回去、骂回去的想法，都是非常正常、理所当然的。这不是你坏，而是人之常情。

"可是实际上你又这么乖巧，这些委屈和愤怒你从来没有机会去表达，就全部默默地藏在了心里。你总是在照顾和满足别人的需求，甚至一个表达情绪的机会都没有为自己争取过。

"因此，你不需要为这些念头感到羞耻和罪恶。你有你的难处，我们能理解。"

就这样，让那些无法被她的意识接纳的部分被看到、被接受，解除封锁状态，她的潜意识里那个内在小孩的委屈与愤怒便有了归宿。

下次，她再来处理孩子做事磨蹭的问题时，状态就会全然不同。

和自己的情绪友好相处

如果你走进心理咨询室，咨询师会帮助你、陪伴你去完成自我觉察与情绪调整。

而在心理咨询室之外，与自己的情绪相处，就需要我们做自己的安抚者。有很多办法能帮助我们安抚情绪，比如书写、听音乐、跑步、正念冥想等。这些做法都可以帮助我们和自己的情绪相处。

但很多时候，人面对情绪的难题，是因为不喜欢自己有情绪这件事情，因为不喜欢，所以很难接受，更谈不上有效应对。

要命的情绪

美国心脏病专家伯纳德·劳恩医生在自己的作品中讲述了一个故事。

一位中年女性，患有充血性心力衰竭，已经带病生存了十多年，养大了孩子，做着图书管理员的工作。她每周去心脏科门诊做一次检查。有一次，她的医生跟几个主治医生一起，看到她来检查，就跟她打招呼，然后对其他医生说："这个女人就是T.S."。

几分钟之后，这位中年女性就呼吸过度，全身被汗水打湿，脉搏过速。

劳恩医生很诧异，病人怎么如此迅速地从健康状态转变为严重的疾病状态？于是询问她，让她解释一下是什么让她如此焦虑。

这位病人说："我知道T.S.的意思，是说我快要不行了（terminal situation）。"

劳恩医生一再跟她确认T.S.只是三尖瓣膜狭窄的意思，是她所患的那种心脏疾病的医学术语，但是医生的话还是没能挽救这位女士的生命。当天晚上，这位女士就死于心力衰竭。

这位女士的心脏是很脆弱，但是她原本可以带着这种脆弱的生理状态继续生活，可是恐惧摧毁了她，要了她的命。

医生的话可以有很多种解释，甚至医生自己也解释了，但是她自己对这件事情的消极联想击垮了她，使她丧失了生存的意志。

所以情绪真的是一件会要命的事情，情绪并不那么好安抚。

将情绪表达掌握在理性的范围

当情绪浓度高的时候，我们理智思考的功能会显著抑制。就如同在战场上，最需要军师出谋划策的时候，结果军师跑了。

一般说来，大量的情绪跟早年创伤有关系。在早年的创伤里，我们是一个受伤的孩子，弱小、无助，所以很多时候我们都不知道怎么安抚自己，也不知道如何掌控情绪。因为情绪有自己的运作方式，并不听思维的指挥。

而这里说的和情绪相处，就是在一定程度上把情绪带进思维的范畴。用头脑理论来说，就是让潜意识和意识有一定程度的沟通，当情绪产生的时候，不能完全失去理智。两者都要保持一定程度的活跃性，却也不至于一方干掉另一方。

仍然拿前面关于觉得孩子慢的例子来说，当妈妈看到孩子动作磨蹭的时候，很快就会感觉到愤怒、焦躁。这是她的情绪被唤起了。

这个时候，有两个路径去和情绪相处：

第一个路径是打开城门，任情绪如脱缰野马，肆意纵横。也就是说，我们会由着自己的性子发怒、责骂、批评，任由情绪毫无控制地发泄给孩子。

很多人都熟悉，并且能切身体会到这样的互动给孩子带来的影响。

第二个路径是和情绪对话——情绪，我知道你来了，你想进我的城门，可以，但是你得套上缰绳，我拉着你，能去的地方我带你去遛遛，不能去的地方你得听我的。

比如在这个场景下，我们可以告诉孩子“你做得很慢，我很着急，我担心这样下去会影响到你做事情的效率和效果”。

或者是“我知道，告诉你我的担心，你会很烦。作为妈妈，我不想让你烦，但是我又不能不过问这件事情。因为作为父母，我应该帮助你养成一些做事情的好习惯，改掉磨蹭的毛病。我也很为难，不知道怎么做对你更有利”。

这样表达时，我们依然有情绪，但是也有对情绪的节制。这种有节制的表达，能够获得孩子更多的理解和反思，至少不至于把孩子拉到原始动物的战斗或者逃跑状态。

家长对情绪表达的改变，也会让孩子对情绪的感觉发生变化。当他感觉到情绪是一件可以去理性表达的事情，即使有情绪，即使带着情绪沟通，也不一定伤害自己或者对方，那么他就不会那么害怕你有情绪。而当他自己有情绪的时候，他的理智区域也还能帮他分析应对。

这时，情绪和理智的两条线就合作成功。

情绪安抚练习

日常生活中，家长如何练习与情绪理性相处呢?

第一步，家长需要了解自己的成长，整理一下自己成长的故事，认真看看故事里的酸甜苦辣、爱恨情仇。

就好像你在看一个人的自传体小说，只不过，这次小说的主人公是你自己。你也许会想起很多往事和藏在这些往事里的情感。

第二步，当你作为读者，现在看着小说里的主人公，那个曾经的自己，在那些他感觉愤怒、悲伤、无助、委屈的时候，你想对他说什么?

比如，他受了委屈的时候，你觉得他想说什么?你可以替他说，训练自己的理性和情绪的“野马”合作。你可以帮他说出来:“我那么小，却被迫承担了那么多，确实感觉到委屈，尤其当你没有看到我的时候。所以我一直在期待你能看到这个部分。”或者其他的一些你感受到的，他想说的话。

要点就是把它变成叙述，而不是发泄。

以下几个步骤，也许能帮我们更好地做这个练习:

1. 允许自己感受到情绪。找个角落，去感受自己的身体，看这种情绪落在身体的哪个部位，给这种情绪命名，看它叫什么名字。

2. 如果你遇到了曾经的、小时候的自己，看看他想要表达些什么，渴望什么样的反馈，现在的你能为他争取到他期待的东西吗？

3. 当你安静感受自己的时候，就相当于跨越时空，在安抚小时候的自己。

4. 你希望小时候的自己得到怎样的对待，此刻你就用这样的方式照顾自己。

5. 看看情绪在和你诉说什么样的故事。无论是什么样的爱恨情仇，都欢迎它的到来，平静地接受它的表达，并且坚信它已经威胁不到你了。

在时间、空间允许的时候，多去做做这样的练习，它会帮助你更好地安抚自己。

7

正确解锁沟通

很多家长因为一些事与愿违的沟通，在教育孩子这件事情上吃尽了苦头，但是也有很多高明的家长，他们的教育方式不仅让我眼前一亮，更让我坚信家长在教育中多一份觉察和自省，将给孩子带来不可估量的益处。

案例一：相信的力量

被爸爸保护的“笨孩子”

很多年前，我认识一位女性，是我的学生家长。她性格温和，家庭幸福，事业有成，用旁观者的角度看，就是人生赢家。不过，身边的人羡慕她的同时，也有意无意地说着她的一个缺憾——她儿子成绩不好。很多人都说，如果孩子教育失败，父母再成功都没有意义。

但是她自己并不这么想，她说：“成绩只是暂时的问题，是小问题。我孩子身上有很多优点，老师看不见，但是我知道。”由此，她说起自己的成长经历。

她小时候，成绩一塌糊涂。有一次她数学考了40分，感觉回去没法交代，结果她父亲说：“我女儿很厉害，学会了不少东西啊。东西都是一点点积累学会的，我女儿有的是时间，不着急。”

因为父亲的原因，她自己从来没有因为成绩差而自卑过。

她真正发奋学习是从高中开始的。之前一直懵懵懂懂，就好像智力被锁住了一样，高中开窍之后，她从此一发不可收拾，上大学、考研……她不仅考得很好，还显山露水。

父亲的保护，让她在懵懂的岁月里，性格和自我价值感完全没有受到损伤，等她知道自己想做什么的时候，能量全都爆发出来，势不可当。

她曾问父亲：“你当年那么宠我、信任我，万一我被你宠坏了怎么办？”父亲笑笑，说：“不会，我女儿举世无双。”

听她讲自己的经历，让我感觉很温暖。托尔斯泰说，幸福的家庭每每相似，不幸的家庭却各有各的不幸。这话放在父母身上也一样。

如果孩子幸运地遇到她父亲那样的家长，就不需要生活在大量的恐惧情绪当中，大脑理智区域就会有很多时间进行智力活动。

好的互动模式也会代际传承

基于对自己成长经历的信任，这位女士做了妈妈后，最担心的事情不是儿子成绩不好，而是孩子身上的潜力还没得到开发就被破坏了。

两年前，她儿子考上一所普通高中。小伙子多少有点儿不好意思，觉得自己应该考得更好一些。她却毫不在意，照常带着孩子参加公司聚会、家庭聚会。

孩子爸爸私下和她说："他考这么一般，就别带他出去玩了，不是很难为情嘛。"

她说："你现在如果因为他考得不好而嫌弃他，总有一天等他发现我们也不是最好的父母，不是最有钱、最有才、最成功的，他也会嫌弃我们，无法包容喋喋不休、垂垂老去的我们。因为是你告诉他：'如果你不优秀，别人就有权利嫌弃你。'他成绩是不太好，可是他身上有很多长处，我从来不觉得带他出去难为情。"

孩子对她说："妈，我有时候是不是挺让人失望的？大家都在谈论成绩，但我对学习好像还没有找到感觉。我自己其实也挺介意的。"

她回答说："如果你成绩好，我当然也开心。只是每个孩子都不同：有些是春天的蔷薇，芳香美丽；有些是夏天的荷花，婷婷袅袅、风姿绰约；有些是秋天的菊花，五彩缤纷、灿烂夺目；有些是冬天的蜡梅，天寒地冻的时候独领风华。如果你是冬天的蜡梅，我们为什么要去和春天的蔷薇斗艳？妈妈没有给你施加什么压力，是因为我相信你，你有你自己的花期。”

后来，这个孩子顺利考上大学，又考上一所名校的研究生，大家觉得像是奇迹。

这个家庭的两代人都有着化腐朽为神奇的力量。和前面讲的那些例子不同，这个妈妈没有消极想象，她能想到的未来的画面都是孩子在某个领域做着自己喜欢的事情，过着富足的生活。

父母在教育孩子这件事情上，潜意识就像魔法，你怎么感受你的孩子、怎么认定他，他就可能会成为什么样的人。

案例二：妈妈帮不上你，你要靠你自己

“不靠谱”的妈妈

我有个朋友，她家有两个正处于学龄期的孩子，但是她身上丝毫没有被孩子成绩绑架的焦虑。她笑着告诉我，她家两个孩子都被她“整”怕了，学习上的事情不敢再来麻烦“母上大人”。

大儿子刚上二年级时，有一次，老师让他们观察一些自然现象，然后写下观察的结果和理由。

那会儿正好是下雪天，天气寒冷，人一说话，嘴里就呵出浓浓的白气。

孩子就问她：“为什么冬天说话，会冒出很多白气呢？”

她就开开心心地胡说一通：“因为天气冷，呵出来的气可以暖手，这是人类进化的结果。那些不能呵出白气的人，在古代手都被冻坏了，所以他们不能生存，也没有后代。”儿子听了频频点头。

到了课堂上，她的儿子就这么解释给老师听。

老师听了哈哈大笑，倒是没有批评他，只说这其实是一个比较简单的物理现象，以后学了物理就会知道。

儿子回来气鼓鼓地说：“你跟我说呵气的那些话都是错的！”

她立马装糊涂：“为什么是错的啊？我觉得很有道理啊！那你说说是怎么回事？”

儿子一本正经地说：“这是一个简单的物理现象。”

她赶紧说：“儿子，我感觉这个道理很高深啊，你居然一下子就搞懂了。而且你这么一说，让我印象深刻，我一下就记住了。”

诸如此类的事情，她做了不少。于是两个儿子逐渐明白，学习上的事情，靠妈妈是不行的，只能指望自己。所以作业他们就自己仔仔细细地检查，遇到问题就自己想办法、动脑筋。

当然，如果孩子需要支持，想学什么，对什么感兴趣，她会全力支持。但是在她的认知里，妈妈不需要像老师一样，时时处处关心孩子的学习。

“我会更关注他们的饮食起居，关心他们的心情。”这位妈妈用这句话做最后陈词。

我听了很是感慨。见过很多很用力的家长，这种一点儿不愿意用力的家长实在稀有。我开玩笑说："比起那些战斗在前线拼死拼活的老母亲，你也太'拉仇恨'了！"

妈妈的妈妈是榜样

我的这位朋友说，她的母亲没有读过什么书，却十分希望女儿能多读些书。记忆里，母亲总是干净整洁、温柔体贴，与她父亲鲜有争吵，还做得一手好饭。

当她遇到学习上的难题时，妈妈总是跟她说："学习你得靠自己，妈妈帮不上你，但是妈妈相信你都能学会。而且妈妈会给你做很多好吃的，让你吃得饱饱的，做题有力气。"

所以她记忆里，总有属于妈妈的独特的饭香味，还有跟着饭香一起来的、越来越多的对自己的信心。

在朋友的记忆里，好像备考岁月也没有那么愁苦，即使那些挑灯夜战的晚上，她也不觉得那是吃苦，而是在做自己的事情，而且也一直相信自己有能力做到。

"很多人羡慕我天资聪颖，其实我就是遇见问题习惯了自己想办法，逐渐懂得了如何去思考，如何解决问题。我母亲对我做错题、考低分从来不大惊小怪，我也就学会了如何面对学习上的起落。慢慢地不仅思维打开了，心态也比较放松。

“所以，我相信孩子需要这样的机会，去面对自己的学习，去想办法、动脑筋，甚至去犯错。不用过于紧张。有段时间我也有些焦虑，感觉很多家长都那么努力，别人家的孩子都那么追求上进，而自己不管不顾，有点自责。

“有一次我去看我父母，跟母亲说起这件事情，她淡淡地说了一句：‘孩子永远都是有办法的，从你不信任他那个时候开始，他的办法就越来越少了。’

“那个时候，我突然感觉能风轻云淡地跟孩子说：‘学习你要靠自己，妈妈帮不上你。’这不仅需要勇气，更需要智慧。我现在还在学习。”

给孩子的正向催眠

很多家长说，道理都知道，可着急起来就是管不住自己。社会竞争这么激烈，不优秀不行啊，感觉孩子优秀是我的责任，如果孩子不优秀，就是我的问题。

我们特别着急，就是在给孩子做催眠，说他特别慢、特别笨。时间久了，他就被催眠了，越来越慢、越来越笨。其实把孩子变笨是件很容易的事情，只要我们给孩子创造大量的情绪，让他忙着处理这些情绪，而没有时间学习、没有时间思考。

另外，我们着急，这件事情的担子就从孩子身上转到了我们身上，最后变成我们很急，孩子不急。孩子看着我们被学习搞得焦头烂额的样子，或许还有点高兴呢。

怎么理解？隐秘的报复。当父母让孩子不高兴、让孩子愤怒的时候，孩子本能是想战斗的，有些孩子会直接跟父母争吵，但是有些孩子斗不过，就被动报复。孩子会通过把事情弄砸来反抗父母。“凡是你想要的，我都不做。”只不过孩子可能意识不到这是反抗，因为他把这种原本对外的攻击转向了自己。“是我不好，是我无能，是我令人失望至极。”时间久了，孩子意识不到这种攻击原本是指向父母的，也无从表达。

有位妈妈说，她内心有种强烈的感觉，她不管孩子，孩子成绩就会完蛋，就没有前程。虽然现在也看了不少教育和心理类的文章和书，那些道理都懂，但是做不到。因为，她内心深处从来就不相信孩子可以靠自己学好。于是，他们长期玩着“猫抓老鼠”的游戏，冲突不断。

那些冲突了很久，明明知道孩子和自己都处在痛苦中的父母，为什么还会继续呢？

因为理智同意了休战和解，但是情感不允许。这里就会涉及原始的对于学习的定义，对于亲子关系的定义。而在定义形成的同时，附加了一种难以消化的情感。

理智说，我以前那么想是不对的，所以我要改变。但是情感不答应，觉得自己受了很多伤，需要正名、需要安抚。情绪没有找到归宿，依然会潜伏在那里，相似的情境出现，它就会冲出来，不管不顾，根本轮不到我们去思考解决。

所以再回过头来看看，“你的学习得靠自己，妈妈帮不上你，但是妈妈相信你能学会”的沟通为什么可以指向一个好的结果?

首先，这个想象是好的，我相信你可以做好，我相信你可以解决自己的困难。这也是种催眠。催眠的内容就相当于“你可以，你行，你可以做到”。

其次，没有给孩子增加情绪的负担。孩子感觉到被信任，感觉到支持和温暖，感觉到自己很强大，这是一种愉悦的力量。所以大脑区域的理智功能可以很好地运转。学习这件事情就和一种愉快的体验捆绑在了一起。

最后，情绪产生的时候，理智也在，我们可以用思维和情绪建立联系，能感受到情绪，也可以思考、分析它。这就使理智和情绪有了合作的前提。

案例三：别人家的孩子和别人家的家长

谁都不喜欢被比较

有个学生参加学校朗诵比赛，拿了第三名，挺好的成绩。

结果她回去酸溜溜地跟她妈妈说：“我怎么跟人家比呢？！拿第一名那个同学，妈妈是电视台的主持人；拿第二名的同学，妈妈是报社的记者。你又帮不到我。”

她妈妈有点悲伤地和我说：“这话我听了，真是心惊。我以前总跟孩子说，你看谁成绩多好，又聪明又勤奋，从没觉得这话有什么不对。结果当我自己被拿出来跟别的家长比的时候，一方面我很生气，同时又觉得自己好无能。”

这些感受，孩子心中一定也会有吧。

孩子并不想被比较。因为被比较意味着“我让父母不满意，所以父母想用别的孩子的样子来覆盖我，想抹去我的存在”。

那孩子怎么才能证明他是为自己活着呢？他不去认同这个部分，不去变成别人家的孩子。他需要用懒惰、笨拙来维持自己的存在。

让孩子明白生活是什么

很多家长因为这些事与愿违的沟通，在教育孩子这件事情上吃尽了苦头。但是我也见过很多高明的家长，他们的教育方式不仅让我眼前一亮，更让我坚信家长在教育中多一份觉察和自省，将给孩子带来不可估量的益处。

我认识一位家长，多年前，他的孩子在我们中心学习，他教孩子从小就要去体验生活、发现生活、理解生活。

他曾经带着十几岁的儿子在凌晨两点钟出门，开着车穿过城市的大街小巷。他儿子感慨，原来有很多人，在我们熟睡的时候还在忙碌。

儿子上高中的时候，他曾经给孩子一辆三轮车，让他靠这辆车过一天。结果大夏天的，小伙子在水果批发市场捡垃圾、帮人送水果，晒得冒油，一天赚的钱只够他自己简单吃两顿。他才知道，原来赚钱很不容易。

后来儿子喜欢上小发明，还拿到了全国性的奖项，他就带着孩子申请专利，找合作厂商量化生产，在网络平台搭建团队运营。整个过程，孩子都不是旁观者，而是参与者和共同决策者。

后来，这个孩子因为发明被认可，和其他40多位全国各地的高中生受邀去外国参加活动。因为表现突出，他直接被该国某所知名大学免考录取，并赞助所有的学费和生活费。

成绩无所不能？这是个天大的误会

总觉得别人家的孩子多么不可思议，其实别人家的家长何尝不是这样觉得呢？这个孩子的同学就公开表达过，羡慕他有这样有智慧、亦师亦友的爸爸。

这位爸爸曾经说，他觉得成绩好不是最重要的，孩子有很多能力需要发展，比如，他的好奇心、他对生活的热情、他面对挫折的勇气、他的人际交往能力。

他认为，读书的时候成绩好，似乎能得到一切——得到老师的器重、得到男生的友谊、得到女生的爱慕、得到名校的垂青，然后大家都误以为成绩是个无所不能的东西。

如果孩子走向社会，觉得他作为一个“学霸”，理所应当获得爱情、理所应当获得升迁的机会、理所应当会赚钱、理所应当会过得顺利，仿佛自己手上有了一把锤子，就觉得这个世界上所有的问题都应该是钉子，那将是个天大的误会。

学校里和社会上运行的是两套生存法则。在学校里，只要成绩好就行了，其他一切都可以被忽视、被掩盖。但是社会对一个人能力的要求却是多方面的，比如，能不能欣赏别人、能不能理解和感受别人、能不能妥协合作、能不能耐受挫折、能不能承担责任。

所以我没有那么在乎孩子的成绩，好就好一点儿，差就差一点儿。我看到他面对问题的时候会自己想办法解决，解决不了会苦苦思索，也会寻求外援，喜欢读书、喜欢思考，有三五好友，友谊长青，我觉得就很好了，很满意。

比起很多家长，这个爸爸的付出一定不是最多的，结果却是让很多父母羡慕的。有些家长为了孩子，工作都辞了，全天24小时为他服务，付出这么多，结果却不尽如人意，花这么多时间陪孩子，却毫无所获。

同样是陪孩子，是什么影响了结果呢？是沟通传递的信息不一样。

如果我们为了孩子辞去工作，全身心陪伴他学习，但是他成绩一般，还经常想着玩游戏。这种情况下，你会怎么和他沟通呢？

1. 你现在还玩游戏，成绩也一直没有起色，你怎么对得起我？我为你付出这么多，你就用这种态度回报我？你就不能自觉点儿，你就不能认真点儿，你就不能考得像样点儿？

2. 你这次考得不好，我想和你心平气和地聊一聊，是什么原因导致没有发挥好。看看接下来每个科目你要怎么学，你有没有做好计划、定好目标。最近玩游戏太浪费时间了，你成绩不好，很可能跟这个因素有关系。我们重新制订一个时间计划表，否则继续下去，问题将更难解决。重要的是，我们到了很关键的时间点，这个时间点不能掉以轻心。我希望你在这个时期管理好自己的时间，以免将来后悔。

3. 你最近考得不好，我有点担心。我一直很相信你，但是你最近游戏玩得太多，还是引起了我的焦虑。不知道你最近是否遇到了困难，很期待听听你的想法。如果有什么是我可以为你做的，我会很乐意。

第一种是互动情绪，这种沟通会引起孩子强烈的愤怒和内疚。同时还有一个暗示：“我对你很失望，你做得很糟糕。”这种沟通会直接引起孩子战斗或者逃跑的本能。如果我们总是这么沟通，孩子要么和我们争吵、闹矛盾，要么基本不和我们沟通，并且表现出一种低沉的、不开心的状态。

第二种比较有迷惑性，父母没有直接表达情绪，描述看上去客观，提供的意见也可圈可点。但这也是引发情绪反应的一种沟通。还记得我们前面说的碎碎念吗？碎碎念可以直接搞垮我们大脑的理智区域，开启我们的本能反应。孩子一般会怎么应对父母不停的碎碎念？直接的反应是想捂耳朵，目的是阻止侵入。

很多人都有这样的经历，如果你身边的人不停地说，最后你只能要么让他闭嘴，要么直接忽略他说了什么。这种输出方式毫无感情色彩，孩子很容易觉得在你眼中，成绩比他要重要。

第三种是比较整合的表达方式，关注感情也关注事情，表达事情也表达感情。这就是我们说的，允许潜意识和意识合作的一种沟通方式。

如果我们总是用第一种或者第二种方式和孩子沟通，孩子自然而然就会变得没有动力，变得没有学习目标。人类的本能是按照自己的需求去生活，当孩子不断地感觉到外力的压迫，生存本能会让他反抗这种压迫，要么他与父母开战，要么他内心跟自己开战。对他来说，都是消耗。

案例四：沟通的另一种语言

被误解的“善于沟通”

很多家庭中的沟通是轻松的，并不是每个家里都剑拔弩张。如果我们对某件事情的看法内心不冲突，怎么互动都是舒服的，孩子也轻松。

我们经常面临的困难是，我们和孩子沟通一件事情的时候，我们内心是有预设的，而预设是往坏的方向想的，比如，孩子不会答应，他肯定做不到，这样他肯定会很难受。有了这些预设的底色之后，奇怪的事情就会发生——无论我们怎么围追堵截，怎样防患于未然，无论我们是动之以情还是晓之以理，孩子都会朝着我们比较担心的那个方向发展。

一位学生家长说，她很擅长沟通，也尝试好好和孩子沟通，但是不知道为什么，和女儿之间仿佛有一堵墙，女儿有什么事情都不愿意和她说。以前开朗活泼的小姑娘，现在变得越来越内向拘谨，而且小小年纪谈恋爱，不务正业，青春期的孩子都这么难以沟通吗？

我不知道她说她会沟通，在多大程度上符合现实。

至少我和她对话的过程中，我几乎没有说话的机会，只能乖乖地听她说。

我说："我不知道你们是怎么沟通的。不如这样，你回去之后，哪天想和女儿好好沟通的时候，你把手机录音打开，全程录下来。然后你自己抽空听听。"

后来再见面时，她对我说，她真的录了。然后她吞吞吐吐地描述了一下，她女儿想和同学一起去参加角色模仿活动，买了露出一边肩膀和胳膊的衣服，将头发染成了酒红色。她觉得女孩子不能这么穿，好像要勾引什么人一样，她觉得需要和她沟通一下。

她和女儿说了很多道理，觉得女儿这样打扮不好，作为家长，她不能接受——不是她不能接受，是没有家长能接受。

但女儿不听劝阻。于是她非常愤怒地说："好女孩都不会这样穿！你打扮成这种不三不四的样子出去，人家都疑心你是不是在做什么不正经的工作！你要知道羞耻，你丢得起这个人，我还丢不起呢！"

情绪背后隐藏的故事

我问这位妈妈："你说这些话，是希望起到什么样的作用？"

她说："我就是希望她不要去啊，让她知道，这样的着装并不符合我们社会的大众审美，她可能会被看成是一个非常出格的或者怪异的姑娘。我说这些难听的话，是希望她知难而退。"

我说："嗯，愿望是好的，只是你的话成功地引起了孩子的反抗。你知道她模仿的是个什么样的角色吗？孩子为什么想模仿那个角色，角色有什么特别吸引她的地方吗？"

她说："我没有问。"

我说："如果她告诉你，那个角色是个战士，英勇无畏，天真率直，为了帮助更多人从困境中挣脱，付出了艰辛的努力。她在这个角色身上看到了勇敢和坚持，而这是她最想从这个角色身上学到的精神和特质。你会有不同的想法吗？"

她愣了一下，说："如果是这样，我可能会支持她去做。"

这个家长也许需要认真地想想，为什么一个孩子穿得暴露一点儿，在她看来就是羞耻不堪的事情呢？这里面有什么样的故事吗？

她不是我的来访者，我们没有机会去做深入的讨论，我给她总结了和孩子沟通的几个调整要点：

1. 听孩子讲话。

2. 当家长自己有情绪的时候，可以问问自己，孩子做到什么，她就可以消除这些情绪。为什么孩子做到这些事情对她来说这么重要。

3. 有些担心和不好的联想，是因为自己在此方面有过什么经历吗？

这个觉察的步骤可以帮我们了解情绪背后有什么动机和需求，什么行为可以满足这个需求。如果我们能找到一些线索，我们就可以告诉孩子，这是妈妈的担心，你可以有自己的想法和感受。让孩子在这些方面变得更理解你，从而减少故意跟你唱反调的可能。

换一种沟通方式，就是换一种亲子关系

后来这个妈妈按照我的总结，和女儿之间有过一次不错的沟通。

女儿说想和男同学一起看电影，她一听就急了，但还是强迫自己听孩子把话讲完。

听完之后，她说："你单独和男孩子一起看电影，我是担心

的。而且以前我跟你说过，你外婆在这方面管我管得很严。有一次，我在放学回家的路上和男同学讨论一个题目，因为家是一个方向的，所以我们就说了一路。到家门口的时候，你外婆在楼上看见了，回家二话不说就拧我的胳膊，说我年纪小，心思坏了。

“我根本不知道发生了什么事情。你外婆说我这么小就知道勾搭男生了。其实我根本不喜欢那个男孩子，我们当时真的只是在讨论题目。但是你外婆越是这样，我越是不听话。后来我高二的时候就谈恋爱，还被你外婆知道了，她打我、羞辱我，让我很痛苦。

“我就很担心你这样，走妈妈的老路。我知道应该相信你，但是一想起过去的事情，我就不由自主地担心。”

女儿说：“其实我们看电影是班上六七个人一起，有男同学也有女同学。我说有这个男同学，是因为他成绩好。而你好像一看到我和成绩好的人一起做事就不会反对，我才这么说的。”

她听完笑了，说：“这就像我当年真的就是和那个男同学讨论题目而已，但是你外婆不相信我的话。”

她跟我说，这样的沟通在她和女儿之间不是经常有，大部分情况下，沟通不是“热战”就是“冷战”。她还是会陷在自己的担心、焦虑中，但是她总算看到了一点儿希望，觉得改变是可以发生的。

我想这会是一个新的开端。

争取孩子合作的沟通方式

沟通的难处往往在于意识和潜意识不合作，它们彼此唱反调。如果想让二者合作，我们需要在生活中尝试寻找一些方法。

1. 我们可以分享自己的一些故事，把孩子和自己区分开。

例如，有个妈妈会告诉孩子，我以前做什么，外婆都不相信妈妈能做好，所以我一直对自己缺乏信心，觉得自己做不好任何事情。现在我也会对你有这样的担心，但是这种担心跟妈妈的成长有关系，如果你感觉不舒服，可以提醒我。

同时，你要相信你自己。妈妈的感觉只是妈妈的，你可以有和妈妈不一样的感觉。让孩子去表达自己的想法和感受。

这是一种真诚的分享。同时，也是在做彼此感觉之间的区分。这样就不会把自己的感受强加给孩子，孩子的对抗也会减少。

2. 邀请孩子帮助我们，把孩子放在有能力的位置上。

例如，爸爸希望你做好，你做得棒的时候我很开心，你做得不好的时候我也会失落，我会不自觉地希望用自己的方式去帮你。

如果我帮你的方式让你感觉到难受，你可以告诉我，帮助我更好地了解你，不让我做错事。

给孩子一些主动权，但是这个难度挺高的，因为这需要有示弱的能力。示弱意味着愿意把强的那个位置给孩子。

3. 及时喊停。

例如，我现在很生气，我觉得这样沟通下去，不利于事情的进展，我需要冷静一下。

关于孩子的学习，父母太多的时候都在扮演老师的角色，管孩子学习管得太多。

我们在亲近的人面前是更容易情绪化和不理智的，当我们觉得关系足够亲近和安全的时候，我们便会原形毕露。所以为了避免让孩子过多暴露在我们的情绪之下，我们要稍微离孩子远一点儿。

4. 不带伤害地表达自己的情绪。

例如，孩子学习总是拖拉，晚上12点作业都完不成，让人抓狂。

有个妈妈是这样表达的："你今天这样拖拉，我其实是很生气、很着急的。我之所以有这种感觉，是因为我有个期待，我希望你能早点完成作业，否则我总是担心这样会影响你以后的学习状态，担心你应付不来，同时我也希望你能早点休息。这是妈妈的想法，如果你自己有什么想法，你能不能告诉妈妈？这是妈妈的问题和需求，但是我很希望能够得到你的体谅。”

我们逐渐统一自己的情绪和想法，或者说，让自己的意识和潜意识保持统一，而不是两者唱反调，那么孩子跟我们互动，相对就容易得多。因为他不需要处理来自同一个人的矛盾信息。

无论我们用哪种方式沟通，都是为了让沟通的两条线往一个方向使力。只要能促使表达往这个方向发展，也许我们就能创造出很多不同的说法。就像我们学会了一门外语，熟练之后，一个意思可以用很多种方式表达。最后，你会有自己的语言风格。